公開霊言

小室直樹の大予言

2015年 中華帝国の崩壊

大川隆法
RYUHO OKAWA

本霊言は、2012年9月28日（写真上・下）、幸福の科学総合本部にて、
質問者との対話形式で公開収録された。

まえがき

一九八〇年に「ソ連邦の崩壊」を予言した奇才《きさい》、小室直樹《こむろなおき》が、今度は、「二〇一五年 中華帝国の崩壊」を予言している。尖閣諸島国有化問題に端《たん》を発した、中国での反日デモ、焼き討ちで閉塞感《へいそくかん》のある日本人にとっては、ホッとする福音《ふくいん》である。

私もあの国の「人民の解放」に協力したい気持ちでいっぱいである。信教の自由、言論、表現、出版の自由、結社の自由等を、十三億の民に差し上げたいものだ。反日運動に姿を変えてしか、国家に不満をぶつけられない、軍事独裁国家というものは、本当に危険きわまりないものだ。

生前の小室氏の著述によれば、「毛沢東《もうたくとう》は『三国志』を熟読した故《ゆえ》に人民革命に成功し、蔣介石《しょうかいせき》は『三国志』を読まなかった故に大陸を失った」という説があるそうだが（『小室直樹の中国原論』）、台湾・香港系の勢力に早く、新思想をもって、大陸の基本方針を引っくり返してほしいものだ。

二〇一二年　十月二日

幸福《こうふく》の科学《かがく》グループ創始者兼総裁《そうししゃけんそうさい》　大川隆法《おおかわりゅうほう》

小室直樹の大予言　目次

「霊言現象《れいげん》」とは、あの世の霊存在の言葉を語り下ろす現象のことをいう。これは高度な悟《さと》りを開いた者に特有のものであり、「霊媒現象《れいばい》」（トランス状態になって意識を失い、霊が一方的にしゃべる現象）とは異なる。

なお、「霊言」は、あくまでも霊人の意見であり、幸福の科学グループとしての見解と矛盾《むじゅん》する内容を含《ふく》む場合がある点、付記しておきたい。

小室《こむろ》直樹《なおき》の大予言

――二〇一五年　中華帝国《ちゅうかていこく》の崩壊《ほうかい》――

二〇一二年九月二十八日　小室直樹の霊示《れいじ》
東京都・幸福の科学総合本部にて

小室直樹《こむろなおき》（一九三二～二〇一〇）

日本の政治学者、評論家。東京都で生まれ、小中高の時期を福島県の会津《あいづ》若松《わかまつ》市で送る。京都大学理学部数学科を卒業後、大阪《おおさか》大学大学院をはじめ、ミシガン大学やマサチューセッツ工科大学、ハーバード大学の各大学院で経済学を学ぶ。その後《ご》、東京大学大学院法学政治学研究科に進み、法学博士号を取得した。一九八〇年発刊の『ソビエト帝国《ていこく》の崩壊《ほうかい》』がベストセラーとなる。以後、評論家としても活躍《かつやく》し、数多くの著作を残した。

質問者　※質問順

綾織次郎《あやおりじろう》（幸福の科学理事 兼《けん》「ザ・リバティ」編集長）

釈量子《しゃくりょうこ》（幸福実現党青年局長 兼 女性局長）

［役職は収録時点のもの］

1 「予言者」的な力を発揮した小室直樹《こむろなおき》氏

現在の日本は外交的に非常に厳しい立場にある

大川隆法　私は、あと二週間ほどでオーストラリアに行き、英語で講演をしなくてはいけないので、「意識を切り替《か》えるために、そろそろ英語説法《せっぽう》をしなくてはいけない」というプレッシャーがかかってきているのですが、竹島《たけしま》・尖閣《せんかく》の余波がまだ収まり切らないため、なかなか切り替えられなくて困っています。

「竹島や尖閣諸島の問題については、霊言集《れいげんしゅう》等をかなり出したので、もうそろそろ、いいかな」という気持ちもありました。

しかし、先日、野田《のだ》首相が国連で演説している姿を見たら、聴衆《ちょうしゅう》がパラパラッとしかいない、ほとんどガラガラの会場で、韓国《かんこく》や中国の名前を出すこともできずに、一生懸命《いっしょうけんめい》、主権の主張をしており、虚《むな》しく空砲《くうほう》を撃《う》っているようなものでした。それに対し、向こうから、硬軟《こうなん》を織り交ぜて反論されている状態なので、「思想的に戦うのは、なかなか大変なことなのだな」と私は感じています。

今日は「小室直樹《こむろなおき》の霊言」を収録しようと思っていますが、この霊言を、何年か後《ご》など、後世《こうせい》に読む人もいると思うので、収録時点の「時代の雰囲気《ふんいき》」を、多少は伝えておかなくてはいけないでしょう。そこで、現時点での感触《かんしょく》を雑談風に少し話しておきます。

今、民主党の野田首相は、支持率が落ちながらも、尖閣諸島に関しては、

「日本の領有権を半歩も譲《ゆず》らない」という姿勢で頑張《がんば》ってはいます。

一方、自民党のほうは総裁選を行い、タカ派の候補者ばかりでしたが、安《あ》倍《べ》・石破《いしば》両氏の決選投票の結果、安倍氏が新総裁になりました。ただ、新聞の調査によれば、二回目の総裁就任ということもあって、安倍新総裁への国民の支持率は、まだそれほど高くはなく、野田さんよりは高いぐらいのようです。

いずれにしても、「次に外交で有事が起きたときの体制に向かって、政治は動いてきている」というのが現実ではないかと思います。

国連総会の場で、まだ、相手の名指しもできずに抗議《こうぎ》演説をしなくてはいけない日本と、国内で日系企業《きぎょう》等を焼き討《う》ちにしても罪に問われない国との言論戦には、なかなか厳しいものがあります。

日本の国内であれば、中国大使館であろうと、中国人の商店や工場であろうと、焼き討ちをかけたり、略奪《りゃくだつ》したりしたら、即座《そくざ》に犯人が逮捕《たいほ》されるのは確実と思われますが、向こうでは逮捕されません。

また、日本では、日本固有の島（尖閣諸島）に日本人が上陸すると、罪に問われますが、中国人が上陸しても、送り返されるだけになっており、日本は外交的には非常に厳しい立場にあると思います。

朝日新聞の主張を語らされた、作家の村上春樹《むらかみはるき》氏

大川隆法　「竹島・尖閣問題等が、今後、どう流れていくか」ということを予想してみます。

今朝《けさ》（九月二十八日）の朝日新聞を見ると、「朝日は、なかなか頭がいいの

だな」ということがよく分かります。戦略性があるのです。

朝日は、「大江健三郎《おおえけんざぶろう》氏が幸福の科学に撃ち落とされた」と見るや（『大江健三郎に「脱《だつ》原発」の核心《かくしん》を問う』『朝日新聞はまだ反日か』〔共に幸福の科学出版刊〕参照）、「あのくらいの年齢《ねんれい》の人では、もう無理」と考えて、村上春樹《むらかみはるき》氏を引っ張り出してきました。

村上春樹氏からエッセーの寄稿《きこう》があったことにして、「その一部分を第一面に載《の》せ、第三面に全文を載せる」というかたちで、うまく仕掛《しか》けてきています。なかなか頭がいいですね。

「大江健三郎氏では、もう勝てない」と見て、村上春樹氏を出してきているのです。村上氏は、日本国内に作品の読者が多いだけではなく、世界的にも知られており、日本人としては次のノーベル文学賞候補として期待されています。

ところが、尖閣諸島の問題が起こると、「日本人著者の本を、全部、北京《ペキン》市内の書店から撤去《てっきょ》する」ということになり、村上春樹氏の本も北京の書店から消えました。最近、一部で少し復活し始めてきてはいますが、朝日は村上氏を出して、「著者としてショックを感じており、残念に思う」と述《の》べさせました。村上氏は、「東アジアに一つの『文化圏《けん》』ができかかっていたのに、こういう領有問題で、それが破壊《はかい》されることを恐《おそ》れる」とも述べています。

朝日は、このようなエッセーを村上氏に載せさせ、〝間接話法〟で朝日の主張を語っているのです。村上氏は、本人が知らないうちに、「私の本が中国で売れなくなるぐらいだったら、島の領有権なんか、どうでもいい」ということを、朝日新聞に間接的に語らされているのです。作家の悲しさは、そのへんが分からないことであり、彼は、うまいこと乗せられていると思われます。

この手法は、今後、いろいろと使われるでしょう。「SMAP《スマップ》が中国で公演できるようにしたい」「中国版AKB《エーケービー》48が、中国で観客を集められ、きちんと活動できて、『日本に憧《あこが》れる』と言えるようにしたい」などという意見が出てくるかもしれません。このような手を、まだまだいくらでも打ってくると思うのです。

村上氏の寄稿掲載《けいさい》は、「文化的な面から意見を言って、『政治的な紛争《ふんそう》や外交的な衝突《しょうとつ》が、いかに虚しいか』という論点にもっていき、議論をファジー（あいまい）にしていく」という作戦ではないでしょうか。そういう印象を受けます。おそらく、そのようにして攻《せ》めてくるのではないかと思います。

村上氏の最近の小説は、何を言いたいのか分からない

大川隆法　村上春樹氏の動きが活発化するようでしたら、大江健三郎氏だけではなく、彼についても、一度、霊的なチェックをしなければいけないでしょう。私は、『ノルウェイの森』あたりまでならば、彼の小説を読んで理解できるのですが、最近のものは、あまり理解できません。よく分からないのです。『海辺《うみべ》のカフカ』は、題名がよいので、つい読んでしまったのですが、何を言いたいのか、分かりませんでしたし、『1Q84《イチキューハチヨン》』も、ベストセラーになり、書店で山積みになっていましたが、買って損をしたような気になりました。「結局、何を言いたいのか、さっぱり分からない」という意味では、村上氏

の小説には大江健三郎氏の小説によく似てきたところがあります（笑）。よっぽど暇《ひま》な人が、一行ずつ丹念《たんねん》に読んでいったら、よく分かるのかもしれませんが、私には、アメリカの小説を下手な日本語で訳した翻訳《ほんやく》文学のようにしか見えず、読む価値がほとんどないように思えてしかたがありません。

しかし、なぜか彼はノーベル文学賞候補らしいのです。

私のほうが、きっと変わっているのであり、「はっきりものを言う人間はおかしくて、何を言っているのか分からないようなことを、書き連ねることに値打ちがある」というのが今の文学状況《じょうきょう》なのでしょう。

人生の半分は学生をしていた小室直樹氏

大川隆法　そういう現象とは違《ちが》って、小室直樹さんは、非常にはっきりと、予言者風にものを言う方です。

小室さんは、昭和七年（一九三二年）生まれなので、私の母と同い年ですが、二年ほど前の九月に、七十八歳《さい》の誕生日を目前にして、七十七歳で、ひっそりと息を引き取られました。

「人生の半分は学生をしていた」という勉強好きの方で、京都大学理学部の数学科を振《ふ》り出《だ》しに、大阪《おおさか》大学の大学院で経済学の勉強をし、それから、フルブライトの留学生としてアメリカに渡《わた》り、ミシガン大学、マサチューセッツ工科大学、ハーバード大学で学びました。

この方は数学に強いので、経済学がよくできたのは分かります。数学の知識を生かして計量経済学も少し研究したようです。

さらに、東京大学の大学院で政治学系統を専攻し、法学博士号を取っています。これが昭和四十七年（一九七二年）なので、「私が大学に入る少し前ぐらいまで、まだ学生をしていた」という不思議な方です。

このように人生の前半を学生としてすごしたわけですが、人生の後半はというと、あまりはっきりとした職業には就《つ》かず、本を書き、その印税等で生活し、確か結婚《けっこん》も遅《おそ》かったと記憶《きおく》しています。

当会でも、若い人は知らないかもしれませんが、「講談社フライデー事件」（注。一九九一年に講談社が「週刊フライデー」誌上で幸福の科学を誹謗《ひぼう》・中《ちゅう》傷《しょう》し、それに対して信者たちが抗議した出来事）等で頑張ってくださった、直《なお》木《き》賞作家の故・景山民夫《かげやまたみお》氏が、小室さんと友達でした。その縁《えん》で、小室さんは、おそらく、私の著書をほとんど読んでおられたのではないかと推定しています。

以前、湾岸《わんがん》戦争が始まったころに、一回、おはがきを小室さんから頂いたのですが、私は筆無精《ふでぶしょう》なため、「返事を書かなくてはいけない」と思いつつ、そのまま忘れてしまいました。たいへん申し訳なかったと思っています。

まあ、よくあることではあるんですけれどもね（笑）。

何年か前のことですが、書棚《しょだな》のところで渡部昇一《わたなべしょういち》氏の本をパラパラと見ていたら、本の扉《とびら》の横に「渡部昇一」とサインが書いてあったので、「あれ？　これは献本《けんぽん》されたのかな」と思いました。献本された本を、秘書が黙《だま》って書棚に入れただけかもしれないので、当時の事情は分からないのですが、結果的に義理は欠《か》いているので、たいへん申し訳なく思っています。

私は、あの世にばかり関心があり、この世には、それほど関心がないので、義理を欠いていることがあるのではないかと思っているのです。

小室氏は「十年後のソ連崩壊《ほうかい》」の予言を的中させた

大川隆法　小室さんは、一九八〇年に、『ソビエト帝国《ていこく》の崩壊《ほうかい》』（光文社刊）という本を書き、有名になりました。あれはカッパ・ブックスだったと思います。

そして、これが約十年後に的中し、ソ連邦《れんぽう》は崩壊したのです。

当時は、まだ米ソ冷戦の最中《さなか》であり、アメリカとソ連の核戦争をテーマにして、小説や映画が数多くつくられていました。

そうしたなかにあって、その十年ほど前に、「ソ連邦は崩壊する」と予言し、これが当たったため、非常に評判になりました。小室さんは、ソ連の内実を見て、「これは駄目《だめ》だ」と考えたのです。

また、この方は、韓国についても詳《くわ》しい人でした。

著書は、『新戦争論』『韓国の悲劇』『悪の民主主義』『日本人のための経済原論』『日本人のためのイスラム原論』など数多くあり、田中角栄《たなかかくえい》についての本もあれば、日本についての本もあります。政治、経済、戦争論、さらには宗教についても、かなり詳しい方です。もちろん、数学など理科系の学問にも詳しいのですが、そのへんになると、私には、よくは分かりません。

私は、小室さんの著書を、だいたい読んでいるのではないかと思いますが、非常に変わった、天才肌《はだ》の方ではあります。

死後二年ですが、今の情勢を見たら、おそらく、何らかの予言的なことを言うか、あるいは、「このようにすべきだ」という意見を言うのではないかと思われます。

「日本の取るべき立場」を客観的に探究して意見を述べている私

大川隆法　今回の問題について、私は日本の国に意見を述べていますが、先ほど言ったように、朝日新聞は文学者の見方を載せたりしています。そのことから見て、マスコミは、おそらく、ファジーな結論のほうに流していこうとするだろうと思いますが、それまでの間《あいだ》に次の紛争が起きることになるでしょう。

今朝の「フジサンケイビジネスアイ」には、幸福実現党の立木《ついき》党首が、勇ましく、「日本は核武装をすべし」と書いていましたが、何百万部も売れている大新聞の一面ではないので、影響力《えいきょうりょく》は非常に少なく、蜂《はち》が飛んでいる程度にしか見えていないかもしれません。

おそらく、大新聞やテレビにとって、そういう意見は怖《こわ》いだろうと思います。とにかく、これ以上、紛争を拡大したくなくて、何となくファジーに終わらせたいところでしょう。

しかし、「中国国内で、中国の民衆が、日本大使の車を襲《おそ》って日本の国旗を奪《うば》ったり、日系企業の工場を壊《こわ》したり、日系商店の商品を略奪したりしたことを、日本からは、はっきりと断罪できず、国際的責任を追及《ついきゅう》できないでいる」という現状は、非常に情けないと思います。

逆に、中国のほうは、開き直って、「中国は連合軍側であり、戦勝国であるが、日本は戦敗国である。負けた国が、生意気《なまいき》にも、戦後体制を壊して、戦勝国の領土をぶん取《ど》ったのだ。これは許すまじきことであって、中国の民衆が暴《あば》れて当然なのだ」というように考えています。

そのため、日本が言いたい、「盗人猛々《ぬすっとたけだけ》しい」という言葉を、逆に、中国から言われており、これを政治的に打ち返せるかどうかは分からない状況です。

安倍さんにしても、どこまで言えるか、はっきり言って疑問だと思います。

日本の国内には反日勢力があり、それが、マスコミにおいても、かなり強い力を持っているので、けっこう厳しい面があります。「幸福の科学モルモット説」(『NHKはなぜ幸福実現党の報道をしないのか』〔幸福の科学出版刊〕参照)ではありませんが、幸福の科学や幸福実現党が、実験材料として、モルモットのように走らされ、潰《つぶ》されることになるのかもしれません。

しかし、言うべきことは言わなくてはいけないのです。

ただ、私は私個人の意見だけを言っているのではありません。できるだけ、「識者の霊言」や「守護霊《しゅごれい》の言葉」等も数多くお伝えしながら、「日本のとるべき立場は何であるか」ということを、客観的に探究しているので、そのへんを分かっていただきたいと思います。単なる独断だけで言っているわけではないのです。

クレームを言いに来た坂本義和《さかもとよしかず》東大名誉《めいよ》教授の守護霊《しゅごれい》

大川隆法　私は、最近、『従軍慰安婦《じゅうぐんいあんふ》問題と南京大虐殺《ナンキンだいぎゃくさつ》は本当か？』（幸福の科学出版刊）という本をつくり、それに、「左翼《さよく》の源流 vs. E《エドガー》・ケイシー・リーデイング」というサブタイトルを付けました。

その本では、東大名誉《めいよ》教授で国際政治学担当の坂本義和《さかもとよしかず》氏を「左翼の源流」と位置づけ、彼の守護霊《しゅごれい》の意見を霊言で掲載したのですが、昨日の夜、その守護霊から〝逆襲《ぎゃくしゅう》〟を受けました。坂本氏の守護霊は、昨夜、私のところに来て、次のようなことを述べたのです。

「左翼の源流として私（坂本義和氏本人のこと）一人が出てくるのは、ひどいのではないか。これでは、いくら何でも偏向《へんこう》が激しい。

当時の東大の法学部では、法律学の先生から政治学の先生まで、みな左翼だ。ベトナム戦争には全員が反対し、署名をして政府に抗議もしていた。そういう反戦運動をしていたのだから、誰《だれ》もが事実上の左翼に近かったのだ。

また、ソ連がチェコに侵攻《しんこう》し、『プラハの春』を鎮圧《ちんあつ》したときには、世界各国の有名人や知識人たちに書簡を送り、ソ連の侵攻に反対する運動を行ったのだ。

だから、私だけを左翼の源流と決めつけることには偏見がある。

私の両親は熱心なクリスチャンであって、私も、かたちだけだけれども、洗《せん》礼《れい》は受けているのだ。

キリスト教では、人を殺してはいけないことになっているのに、キリスト教国が、なぜ戦争で人を殺すのか。これが分からない。『旧約《きゅうやく》聖書』のモーセの教えの第一条も、『汝《なんじ》、人を殺すなかれ』で始まっているのだから、人を殺してはいけないはずである。ところが、個人が人を殺したら殺人罪になるのに、国家のために人を殺したら英雄《えいゆう》になる。この違いの理由が分からない。

私は、国際政治学者として、『この問題を解決するためには、国家を取ってしまったほうがよいのだ』と考えた。国家を消してしまえば、『人殺しは殺人罪だ』ということで統一されるので、国家を否定し、国民を地球市民という方向にもっていっているのだ。

私にはクリスチャンの匂《にお》いはついているが、東大の南原《なんばら》総長が、無教会派のクリスチャンであるにもかかわらず、戦後、戦没《せんぼつ》した学生たちを弔《とむら》うに当たり、『天皇陛下の下《した》に、大日本帝国の下に、日本のキリスト教団もあった。学徒動員により戦争で死んだ学生たちには、無念な思いなどまったくないだろう。誰も反対もせずに戦ってくれた。その学生たちを慰霊《いれい》したい』というようなことを述べたのを見て、『クリスチャンとして、これはおかしい』と私は思ったのだ。

無教会派の内村鑑三《うちむらかんぞう》の言う『二つのJ』、すなわち、『ジャパン(Japan)』

と『ジーザス（Jesus）』のうち、ジーザスのほうが上でなければ、クリスチャンとしてはおかしいはずなのに、南原総長はジャパンを上に置いた。これで、私には、日本のキリスト教に対する不信感が募《つの》った。

私は、丸山眞男《まるやままさお》先生の下《した》にいて、丸山先生の、『宗教も信じていなければ、あの世も神も信じていない』という考え方の影響をかなり受けたため、それに似たような活動をやってしまった。

その連綿とした流れが今あるのであって、私が左翼の源流とされるのはおかしい。

また、エドガー・ケイシーという、眠《ねむ》れる予言者のような霊能者《れいのうしゃ》を出してきて、私と並べていたが、学者に対して霊能者を持ってくるのは、いくら何でも、ひどすぎるのではないか。例えば、『坂本義和』対『ハイデッガー』ということなら、分からないことはないが、この対比は、ひどすぎるのではないか」

昨日の夜、このようなクレームを坂本氏の守護霊から受け、私は応戦をしていたのです。

米ソの核《かく》に反対し、中国の核には賛成したサルトル

大川隆法　ちなみに、サルトルが生きていたとき、坂本氏は何人かでサルトルと会ったことがあるそうです。

当時は米ソ冷戦の時代であり、米ソの核《かく》戦争のおそれがありましたが、サルトルは、坂本氏たちに、「私は核戦争に反対だし、もちろん、核を持っていること自体にも反対だから、米ソの核兵器保有には反対である。しかし、米ソの

間《あいだ》に挟《はさ》まれている、かわいそうな中国が、自衛のために核武装をすることは当然だと思う」ということを、はっきりと述べたそうです。

その中国が強大になって、今度は、米中の核の冷戦が始まろうとしており、その間に日本が挟まってしまいました。「これを、どうしたらよいか」という問題について、坂本氏の守護霊は、「同じテーマが、もう一回、回ってきたわけだが、年を取ったので、それについては、もう私の任ではない。このあと、誰かが解決してほしい」というようなことを言っていました。

サルトルは、「中国が自衛のために核武装をするのは構わない」と言っていたわけですが、その中国が大国になり、新たな冷戦が始まろうとしています。サルトルの発言は無責任ではありますが、先を見通すのは非常に難しいことなのだと思います。

政治学者・小室直樹を招霊《しょうれい》する

大川隆法　解説がかなり長くなりましたが、後世のために、霊言を録《と》っている現在の状況を述べ、ある程度、時代の雰囲気を表現しました。また、「世の中の動きが、どの方向を向いているか」ということや、「安倍総裁の誕生および野田首相の右旋回《うせんかい》に関して、反安倍の左翼マスコミは、どういう手を打ってくるか」ということについて、今、私が感じていることを、述べておきました。

前置きは以上です。

では、小室さんをお呼びします。

（合掌《がっしょう》し、瞑目《めいもく》する）

最近亡《な》くなられました政治学者、小室直樹さんの霊をお呼びしたいと思います。

小室直樹さんの霊よ。

生前、陰《かげ》ながら幸福の科学を応援《おうえん》いただきまして、まことにありがとうございました。

どうか、現在、日本が抱《かか》えております問題について、霊天上界《れいてんじょうかい》からの視点で、ご意見をお聴《き》かせください。

日本は、竹島や尖閣諸島等の外交危機や政治危機、国難に対して、どのように対処していったらよいのでしょうか。

それから、日本は、国際経済のなかで、どのような態度を取っていったらよいのでしょうか。

日本のとるべき姿や未来予知等について、ご意見などがございましたら、私たち幸福の科学のために、あるいは日本国民のために、参考になるアドバイスをしてくださいますよう、心の底より、お願い申し上げます。

小室直樹の霊、流れ入《い》る、流れ入る、流れ入る、流れ入る、流れ入る。

小室直樹の霊、流れ入る、流れ入る、流れ入る、流れ入る。

小室直樹の霊、流れ入る、流れ入る、流れ入る、流れ入る、流れ入る。


（約十五秒間の沈黙《ちんもく》）

2　予言のもたらす「功罪」とは

小室直樹霊《れい》に「危機の時代」の見通しを訊《き》く

小室直樹　ああ……。

綾織　おはようございます。

小室直樹　うーん、うん。

綾織　本日は、幸福の科学にお出《い》でいただきまして、まことにありがとうございます。

小室直樹　霊《れい》になっちゃったかあ。

綾織　そうですね。

小室直樹　私の霊言《れいげん》ですか……。

綾織　はい。

小室直樹　できれば、生きているときに読みたかったね。私も霊になっちゃったかあ。うーん……。

綾織　生前は、景山民夫《かげやまたみお》さんをはじめ、幸福の科学と深くお付き合いくださいまして、本当にありがとうございます。

今、日本はたいへんな危機の時代を迎《むか》えておりますので、本日は、「大予言」というテーマで、軍事・外交・経済・政治全般《ぜんぱん》について、将来の見通しやアドバイス等をお話しいただければと思っています。

小室直樹　うーん、そうだねえ。私には、特に、何にも責任を負うべきところがないので、言いたい放題と言えば言いたい放題ではあるけれどもね。

先ほど、紹介《しょうかい》があったけども、日本の諸大学やアメリカの大学で、数学・経済学・政治学等を勉強し、学者にしてはリスキーな本もたくさん出した私なので、何を言っても、ある程度、許されるかと思われます。

綾織　はい。ありがとうございます。

小室直樹　うーん。

綾織　一九八〇年に、小室先生は『ソビエト帝国《ていこく》の崩壊《ほうかい》』を出版されましたが、その約十年後に、ソビエト崩壊の予言が的中しました。

そこで、「今後、十年ぐらいのスパンで何が起こってくるのか」ということについて、テーマは多岐《たき》にわたりますが、お話をお伺《うかが》いできればと思います。

小室直樹　これはあれかな？　坂本義和《さかもとよしかず》さんのような東大の名誉《めいよ》教授で、国際政治学や平和学（平和研究）をやっていた人が出てきたから、カウンターで私を撃《う》ち込《こ》むのかな？　まあ、そんな感じでしょうかね。

綾織　そうですね。はい。

小室直樹　彼らの研究テーマは、理論的というか、理念的な平和だからね。「軍縮をすれば平和になる」とか、「睨《にら》み合ったままでも、とにかく戦力を削《そ》いでいけば、平和が近づく」とか、そんなことをやっていた。

私は、もう少し、リアリスティックで断定的な意見を言うほうであったので、〝中和要員〟かな？　あまり正統な国際政治学者ではありませんがね。

綾織　いえ、とんでもないです。

小室直樹　素浪人《すろうにん》みたいな感じなんですけども。

綾織　あらゆる学問を究《きわ》めていらっしゃいます。

小室直樹　まあ、大川隆法先生に言ってもらったら、それで終わりなんじゃないの？　もう、要《い》らないんじゃないかねえ。あの世へ行っていて、本もないし、勉強する新聞もないしね。こちらに言ってもらったほうが……。

綾織　いえいえ。いろいろと見聞を広めていらっしゃると思いますので。

小室直樹　いやあ、霊界探訪記《れいかいたんぼう》のほうが面白《おもしろ》いかもしれないよ。「小室直樹の霊界探訪」とか、「どこで串刺《くしざ》しにされ、火あぶりにされた」とか、そんな話をしたほうが面白いかもしれないね。

綾織　もし、時間が余れば、お伺いしてみたいと思います（会場笑）。

小室直樹　うーん。

「習近平《しゅうきんぺい》の野望」を大胆《だいたん》に予言したのは大川隆法だけ

綾織　さっそく本題に入りたいと思います。

今、中国が十年を待たずして、日本や台湾《たいわん》、その他のアジアの国をのみ込もうとする勢いを見せております。一九八〇年代においては、ソ連が同じようなことを試みましたが、現代では中国の問題として出てきているわけです。

今後、習近平《しゅうきんぺい》氏が国家主席に就任した場合、どれくらいのペースでのみ込んでいくのでしょうか。小室先生がどのような予測をされているのかを、まず、お伺いできればと思います。

小室直樹　大川隆法先生は、救世主なのかもしれないし、予言者でもあるのだろうから、習近平を「帝国主義的侵略者《しんりゃくしゃ》」と断定して、「今後十年は危機がある」と予言しているわけだね。

はっきり言って、ここまで大胆《だいたん》に言っている人は、今の日本ではいないんじゃないか。大新聞やテレビ局、その他の言論人も含《ふく》めて、ここまで言っている人はいないんじゃないか。

みな、過去に向いている。中国問題というのは、ほとんど過去の問題なんだよね。戦争中や戦前の問題だ。過去の問題として中国研究はなされているんだけど、未来の問題として中国研究をやっている人はほとんどいないし、大胆に予測する人も現状ではいない。

「中国の勢力が強くなって、日本が引っ繰《く》り返されてだんだん縮んでいき、次にインドが追いかけていくだろう」という程度の予想を立てている人はいるけど、「価値判断を伴《ともな》う未来予測」という意味ではやっていない。

先ほど述べた、朝日のような大きなメディアでも、「中国文化圏《けん》が大きくなるんだろうから、そこにうまいこと紛《まぎ》れ込んで生きていけばいいのだ」というようなことしか言えないと思うんだよ。

論説の主筆だか、主幹だか知らないけど、そんな人でも、「日本は中国文化圏のなかの一部であり、〝日本的色彩《しきさい》のある中国〟になればいい。中華《ちゅうか》帝国の一部として生きていければいい」という程度の予想ではないかと思うんだな。

ここで大胆に、「習近平は、次の世界皇帝を狙《ねら》う恐《おそ》るべき男であって、対策を練らなければいけない」と、はっきり名指しで批判を打ち出しているのは、大川隆法さんだし、幸福実現党だし、幸福の科学だよな。

予言者にとって「予言が当たる」ことは不幸でもある

小室直樹　「十年後、私の『ソビエト帝国の崩壊』のように言われるか、言われないか」ということにかかってくるわけだけども、予言者としての成功は、この世的には不幸であることも多い。予言者にとって、「予言が当たる」ということは、この世的には不幸が起きることでもあるので、実際はつらいんだね。

そのようにならなければ、世界は平和になるわけだから、あなたがたにとっては、そんなに〝果実〟があるわけではない。

みんなが、「そうならないほうがいい」と思っているなかで、あえて、そういうことを言うと、「事を荒立《あらだ》てるな」という感じの圧力がたくさんかかってくるだろうな。

まあ、私の予想より、大川隆法先生の予言のほうが当たるんじゃないですか。

私に訊《き》いてもしかたがないね。

3　大中華帝国《だいちゅうかていこく》の分裂《ぶんれつ》が始まる

中国はソビエトの崩壊《ほうかい》を研究し「市場経済」へと方針を変えた

綾織　こうした中国の脅威《きょうい》は、国民になかなか伝わりにくいところでございます。

小室直樹　ああ、そう？

綾織　危機感というものが、なかなか持てないところがありますので、ぜひ、先生のお考えもお聴《き》かせください。

小室直樹　中国は、「なぜ、ソビエトはゴルバチョフの登場によって崩壊《ほうかい》したのか」を研究して、方針を変えたわけだよ。「少なくとも、経済のほうは西洋化しないと負ける」と思って、鄧小平《とうしょうへい》路線を入れた。「計画経済よりも、西洋型の市場経済のほうが強い」と見て、経済を西洋化したんだね。

それで、実際に、ものすごい経済発展をして成功を収めたので、現在まで中国共産党に対する民衆の信頼《しんらい》をつなぎ止めてきたわけだ。

ある意味で、彼らは成功しているようにも見える。「GDPの順位が日本と逆転した。共産党万歳《ばんざい》！」などと言っているから、大成功しているように見えなくもない。

ただ、彼らが共産主義を純粋《じゅんすい》に信じていたときの考え方は、要するに、「自由主義国や資本主義国は、貧富《ひんぷ》の差が激しく、麻薬《まやく》や売春、泥棒《どろぼう》、強盗《ごうとう》などが横行する国であり、共産主義国は、倫理《りんり》的な理想社会、平和な平等社会なのだ」というものだったよな。

共産主義国は、「アメリカは、売春やドラッグ、犯罪などの塊《かたまり》だ。自由主義国や資本主義国になっていけば、そんなふうになるぞ」というキャンペーンをやっていたわけだけども、「内実は、共産主義国のほうがひどい」ということが、ソ連邦《れんぽう》の崩壊によって分かってしまった。

要するに、ゴルバチョフがグラスノスチ（情報公開）をしただけで、崩壊してしまったわけですよ。「ソビエトの実態がどれほどひどいか」を見せてしまったためにね。これは、情報操作でずっと隠蔽《いんぺい》していたものですね。

「庶民《しょみん》はソーセージ一本を手に入れるのに、店屋で一時間も並ばなければならない」というようなことがずっと続いていたので、「これは、何かおかしい」と分かってしまった。

それは計画経済による失敗だ。要するに、「市場経済がニーズに合わせた生産と供給をして、うまくやっているのに対して、計画経済は官僚《かんりょう》が決めているため、それができずに失敗した」という事実を政治がずっと隠蔽してきたわけだ。政府に文句を言ったやつは粛清《しゅくせい》されるからね。

ソ連経済と言えば、「長蛇《ちょうだ》の列ができて、物が手に入らない。闇《やみ》経済で裏からいろいろと仕入れる以外にない」というものだったのに、中国は経済のほうだけは西洋化してみせて、「豊かな人もたくさん出たぞ。何百億円という資産がある人も出てきたぞ。これでどうだ」と言っている。

だけど、中国には貧しいままの所もある。農村部、あるいは北や西のほうの奥地《おくち》では、貧しいままの所がたくさんあるし、自治区などにも、そういう所がたくさんあるので、まだ問題が多いわけだね。

「国を倒《たお》す運動と宗教が結びつくこと」を恐《おそ》れている中国政府

小室直樹　政治というものは、だいたい情報統制から始まるわけだけども、電子機器類の発達によって、今、情報統制が極《きわ》めて難しくなってきた。

新聞や雑誌、本などだったら、弾圧《だんあつ》を加えて抑《おさ》えられるんだけど、インターネット系では、短い時間だけなら、チョコチョコと情報は流せる。まあ、昔の口コミ程度のものだが、情報を流せるようになったため、中国政府は隠《かく》せなくなってきたし、海外の電波もいろいろなルートでキャッチできるようになってきた。

政府のほうは、まだ、グラスノスチをやる気はないんだけれど、市民のほうがだんだん知ることができるようになってきたわけだね。

今、反日が許されているから、彼らは反日デモをやっているけど、「これが、いつ、国を倒《たお》す運動に変わるか分からない」という怖《こわ》さがある。「もし、宗教と結びついたら、清国《しんこく》の滅亡《めつぼう》と同じようなことが起きるのではないか」という怖さを感じているだろうね。

だから、今、中国は、政経分離《ぶんり》がうまくいっているように見せているというか、共産党の成功に見せている。

「貧富《ひんぷ》の差が解決しない矛盾《むじゅん》」が中華帝国崩壊《ちゅうかていこくほうかい》をもたらす

小室直樹　ただ、私は、「『中国が日本を抜《ぬ》いた』と見えた段階で、実は、中華《ちゅうか》帝国《ていこく》の崩壊《ほうかい》が始まろうとしている」と見るね。この矛盾《むじゅん》がとうとう吹《ふ》き出してきた。

彼らは、もうマルクス・エンゲルスの著作は読んでいないだろうが、共産主義というのは、少なくとも平等を前面に出す思想なので、経済格差が十対一以上に開いたら、「金持ちから金をむしり取ってでもばら撒《ま》いて、平等にする」というのが基本だ。まあ、こういうことだよね。この程度のことは、みんな、だいたい分かっている。

ところが、商売でうまいことといっている人がベンツを乗り回している一方で、「子供を一人しか産んではいけない」という人口抑制策《よくせい》で摘発《てきはつ》されている人もいる。法の網《あみ》をかいくぐって子供を二人以上産んだ人を摘発し、さらには、「堕胎《だたい》の強制はいけない」と言っている人権活動家を監視《かんし》している。この前、目の見えない人権活動家がアメリカに亡命したけどね。あのような政治的弾圧をやり続けている。

これは、「実際には、貧富《ひんぷ》の差の解決がついていない」ということだ。要するに、貧しい家庭は一人っ子にしておかないと食べていけないからね。これが解決していない。

この矛盾は、今、かなり膨《ふく》らんできています。経済が拡張したと同時に、矛盾が膨らんできているので、爆発《ばくはつ》寸前です。

だから、今、竹島《たけしま》や尖閣《せんかく》諸島の問題で、日本が一方的に攻《せ》められているように見えるけども、韓国《かんこく》と中国の両方とも、内政問題というか、内部の矛盾がそうとう出てきているので、日本に向いてる矛先《ほこさき》は、ブーメランのように返ってくるんじゃないかなあと思いますね。

二〇一五年ごろに中国は大分裂《ぶんれつ》し、軍部同士による内戦が起きる

小室直樹　私の予想は正反対です。「習近平《しゅうきんぺい》が世界皇帝を目指すなかで、軍事をさらに拡張しようと踏《ふ》み込《こ》んだ段階で内乱が起き、大中華帝国の分裂《ぶんれつ》が始まる」というのが私の予想です。

綾織　それは、「この十年間で、ジワジワと起きてくる」というかたちになりますか。

小室直樹　今は二〇一二年ですか。

綾織　はい。

小室直樹　今、二〇一二年で、習近平が（総書記に）就任でしょう？　そうですねえ……、私は十年もかからないような気がしますね。まあ、最終結末まで行くのに、何年かかるかは分かりませんけれども。

今、反日デモで一生懸命《いっしょうけんめい》やっている連中が、「打倒《だとう》共産党デモ」に変わるまでの時間は……、うーん……、まあ三年ぐらいだと思うので、二〇一五年ぐらいには、中国内部での大分裂の動きが表面化してきて、そのあと、軍の掌握《しょうあく》をかけた戦いが起きると思います。

私は、基本的には、大中華帝国の世界制覇《せいは》の前に、中国の人口が十四億人ぐらいになったあたりで、内部分裂によって国が割れ、南北戦争のような感じになってくる可能性が高いんじゃないかと思う。

軍部も一元支配はできなくて、南部の軍部と、北京《ペキン》政府が押《お》さえている軍部、それと、今、北朝鮮《きたちょうせん》を監視している瀋陽《しんよう》軍区の軍部。少なくとも、この三つぐらいの軍部が鼎立《ていりつ》した状況《じょうきょう》で内戦が起きる可能性が高いと思います。

「内戦のリーダーが次に出てくるのではないか」という気がしますね。

4 「海賊《かいぞく》経済学」と最後の皇帝《こうてい》へのシナリオ

「経済格差の現実」が公開されたら、国民の不満は政府に向かう

綾織　もし、中国が内戦になれば、そうとう深刻な状態になると思うのですが、それが、しばらく続いていくようなかたちになるのでしょうか。

小室直樹　うーん……。いや、だから、国民としてはねえ、全員を平等に豊かにしてくれるのなら、別に文句はないと思うんだよ。それならいいんだよ。

つまり、「南部のほうが豊かになっているような状況《じょうきょう》が、全体に広がってい

く」というのなら、別に文句はないんだけど、今、中国政府は、そういう政策をとっていないし、そうする方法を持っていない。片方では、ベンツを乗り回している大金持ちが大勢いる反面、国民の大半は貧しい生活をしているわけだね。

君たちは、「日本は豊かだ」と思っているかもしれないけど、日本人の富豪《ふごう》なんていうのは大した金を持っていないですよ。国税庁が優秀《ゆうしゅう》すぎて、税金でほとんど取り上げられてしまうので、あまり金を持っていないけど、中国の富豪は日本の富豪よりも金持ちですよ。もう、何百億円という個人資産を持っていて、当局につかまれないように、海外に資産を逃《に》がしていますよ。

だから、先ほど言ったように、この現実がオープンになって、情報が公開されたら、月に一万円や二万円で生活している国民の不満っていうのはねえ、それはたまったものではないですよ。「こんなのは共産主義じゃない。インチキだ！」っていう声は出ますよねえ。そして、卵は、習近平《しゅうきんぺい》の写真のほうに向かって投げられるようになりますよね。

軍部の一部が民衆に共鳴し、群雄割拠《ぐんゆうかっきょ》の内戦になる

小室直樹　これを、まずは軍部で弾圧《だんあつ》するところから始まるだろうけども、そのうち、軍部のなかにも、そうした人たちに共鳴する者が出てくる。

軍部を全部豊かにしておいて、政府の言うことをきくようにしたいんだろうけども、共産党系の幹部に相当するような将校レベルの軍人たちには、リッチな暮らし、すなわち、豪華《ごうか》な家に住み、贅沢《ぜいたく》な経済生活を送れるようにできて

も、末端《まったん》の兵士に至るまで、そういう扱《あつか》いができるはずはありません。軍部だからと言って、全員を豊かにできるわけはありませんのでね。

そういう意味で、軍部のなかで、日本の五・一五事件や二・二六事件みたいなものが起きてくると思いますね。

軍部の一部が、その民衆デモのほうに参画してくる状況が、当然、出てくると思うので、今、シリアでやっている内戦風のものが、若干《じゃっかん》、中国のなかでも起きてくるでしょうね。日本企業《きぎょう》の焼き討《う》ちのようなことが、中国国内のいろんな所でいっぱい起きて、市民のほうは、そういう地位の低い兵士たちから手に入れた銃剣《じゅうけん》や手榴弾《しゅりゅうだん》、あるいはバズーカ砲《ほう》みたいなもので戦い始める。そういうゲリラ戦のようなものが起きるんじゃないかな。

習近平の勢力基盤《きばん》は「豊かな南」のほうにあるので、その部分に対する恨《うら》みというのは、そうとうあるだろうと思います。

そして、その内紛《ないふん》に、自治区のほうでいじめられている人たちの反乱などが加わってくると、中国で昔からよくあるような、群雄割拠《ぐんゆうかっきょ》の局面が出てくる可能性は極《きわ》めて高いと思いますね。

「内戦」と「外国との戦争」が同時に起きる

綾織　これは、中国内部だけで完結するものなのでしょうか。あるいは、内部が大混乱に陥《おちい》っているなかで、「外に目を向ける」という部分も出てくるのでしょうか。例えば、日本や台湾《たいわん》、東南アジアなど……。

小室直樹　私はね、同時に起きるような気がするんだよ。だから、外部に戦争を仕掛《しか》けて、侵略《しんりゃく》に行くだろう。

要するに、国のなかの不満を抑《おさ》えるために、「外国と戦う」というスタンスを見せ、「外国の富を奪《うば》って、それをなかにばら撒《ま》く」ということをしようとするだろう。まあ、海賊《かいぞく》だよね。習近平に理解できるのは、こういう「海賊経済学」だと思うんですよ。

つまり、「よそのものを取ってきて、それをなかに撒いてやる」ということだね。豊かな中国国民から取って撒いたら、その豊かな人たちが反乱を起こすから、外国へ行き、例えば、「フィリピンのマニラの繁栄《はんえい》とか、ベトナムの少し活気づいてきた資本主義市場とか、このあたりのものをぶん取って、なかで撒く」ということをやろうとするだろう。それと、国のなかでの内戦状態とが、同時に起きてくるような気がするね。

綾織　そうすると、中国では、あと三年ぐらいで、そういう内部崩壊《ほうかい》が起き、また、外に侵略に出てくるようになるわけですね。

経済に疎《うと》い習近平《しゅうきんぺい》は〝中国最後の皇帝《こうてい》〟になる

小室直樹　まあ、中国ではよくある話なんだよ。これは、昔の藩閥《はんばつ》政治のようなもので、今後、軍閥みたいなものが、いっぱい出てくるんじゃないかな。

だから、習近平《しゅうきんぺい》は、世界皇帝《こうてい》を目指しているけど、私は、〝最後の皇帝〟になる可能性が高いと思う。習近平は、その欲が深すぎるために、たぶん、〝中国最後の皇帝〟になると思うな。

今、中国が本来やるべきことはね、ここまで経済が膨張《ぼうちょう》したら、内需《ないじゅ》を拡大して、内部の景気をよくし、均霑《きんてん》っていう言葉が分かるかなあ、つまり、みんなが同じように潤《うるお》う状態にすることだ。

国のなかを黙《だま》らせて、平等に潤うようにしていくには、日本がやっているような、中間層を厚くしていく政策をとらなければいけないんだけど、習近平は経済に疎《うと》くて、先軍政治なんて言っているから、たぶん、これができない。本当は、日本に教えてもらって、それを学ばなければいけないんですけど、「小《しょう》日本」なんかに学ぶ気はないでしょう。打倒《だとう》するだけでしょうから、たぶん、戦争のほうというか、外国との戦いや紛争のほうに目を向けさせて、国民の不満を黙らせようとする戦略に出るでしょうね。

だから、基本的には、ヒトラーの戦略に近いんじゃないかねえ。やつ（ヒトラー）は、二十年間で国内経済を立て直して、軍事力をものすごく増強し、その軍事にかけた費用を、要するに、外国から略奪することで回収しようとした。石炭のあるルール地方とか、ああいう所を侵略したり、どんどん、「まさか」というような侵略をしていった。

中国がそういう戦略をとってきたとき、それに対して、日本の左翼《さよく》系の学者や文化人、それから、朝日、毎日、東京新聞系列の左翼系メディア等は、たぶん宥和《ゆうわ》的な政策を主張するだろう。

そこで、中国は、おそらく、宥和的なことをしようとする政治家や文化人、言論人などを持ち上げて、中国に対して戦いを主張するようなところは、なるべく黙らせようとしてくると思う。しかし、宥和的な政策をとっているうちに、やはり、いろいろな所が、かなり侵《おか》されて、習近平に〝レイプ〟されるような状況になるだろう。

しかし、中国内部でも火の手は上がってきて、「外に対して戦争をするだけでは、それが収まらない」という状況が、きっと起きてくると思いますね。

ただ、最終的には、やはり、アメリカの復興でしょうね。アメリカ経済の復興を成し遂《と》げる人が出てきたら、「逆襲《ぎゃくしゅう》をかけて、中国にとどめを刺《さ》す」と、私は思いますけどね。

5 「アメリカの正義」復活の条件

オバマが再選されれば、アメリカはあと四年間衰退《すいたい》する

綾織　三年後ということで考えると、アメリカの大統領は、今のところオバマ氏の再選の可能性が少し高いように思うのですが、誰《だれ》がアメリカのリーダーになるかの問題は大きいと思います。

小室直樹　ええ。だから、「アメリカは、もう一回、間違《まちが》う可能性が高い」と私は思うんですよ。もう一回、間違うでしょう。

まあ、オバマさんは、すごく宗教的なところもある人だろうとは思うんですが、日本の平和学者たちも、宗教は信じていないものの、「反戦平和」を唱えることが、ある意味で、宗教の代用になっているようなところがあるんですよね。

オバマさんも、ある意味で、伝統的で宗教的な感じなので、やはり、彼を支持する勢力はけっこう強いんですよね。

一方、ロムニーさんのような特殊《とくしゅ》なモルモン教徒を応援《おうえん》するのは、全米の意思としては非常に厳しいので、今、オバマさんは巻き返しに入ってきている。

やはり、オバマさんのさわやかさと、カリスマ性、それから、大統領を四年やって、だいぶ経験を積んだので、「もう一回、経済を復興させるぐらいできるんじゃないか」という、かすかな期待もある。「経済が悪いのは、アメリカだけじゃなくて、ヨーロッパも、中国も、日本も悪いんだから、これはしかたがないんじゃないか」というような感じが通っていけば、オバマ再選の可能性があるよね。

そうすると、あと四年間、現実に、アメリカは衰退《すいたい》するんですね。あと四年間、衰退をするので、この間《あいだ》が、習近平《しゅうきんぺい》が世界を荒《あ》らせる期間になります。彼が、中国国内を黙《だま》らせつつ、日本やアジア諸国へ侵略《しんりゃく》に乗り出してくるのは、この四年間だと思うんです。

四年後に共和党が勝てば、「アメリカの正義」が復活する

小室直樹　まあ、その次の代は……、ロムニーではない人かな?

ロムニーは、確か、前回の予備選挙で負けているんだよね。前回、ロムニーに勝った人（マケイン）はオバマに負けているので、「負け馬（マケイン）に負けた負け馬（ロムニー）」を、今、オバマにぶつけようとしているんだよ。だから、これは駄目《だめ》だな。やはり、次の候補を共和党が引っ張ってこないと、なかなか勝てない可能性が高いと思うんですよね。

この四年間で、共和党がその候補を引っ張ってくることができて、経済復興を力強く成し遂《と》げることができれば、それを背景にして、共和党は、たぶん、「アメリカの正義の復活」ということを言ってくると思う。

そのときに、最終的な解決になるし、日本も、そのときには、今の民主党政権のようなものは終わっていると思います。

日本のマスコミは、これから、非常に苦しいところだと思うね。「野田《のだ》さんを続投させるか、安倍《あべ》さんに取られるか」という、マスコミのなかの「左翼《さよく》」対「右翼」の戦いが、日本でも、ものすごく激しくなるだろう。「安倍さんに政権を取られるぐらいだったら、野田さんから民主党の左翼系の人に政権を回そう」という運動が激しくなってくるとは思うんですよね。

アメリカで「思想的な変更《へんこう》」が起き、社会保障が打ち切られる

綾織　アメリカの話にちょっと戻《もど》るのですが、四年後の二〇一六年ぐらいから、「アメリカは、社会保障の部分で、借金が一方的に増えていく」という試算があるのですが……。

小室直樹　ああ、借金ね。だから、社会保障を打ち切るはずです。やめるはずです。無理です。日本のまねをしたら潰《つぶ》れますのでね。

日本人は、比較《ひかく》的、全体的に勤勉なんですよ。貧しい人もいるけど、基本的には、勤勉を美徳とし、貯金を美徳としているんですよ。

つまり、日本人は働くことを美徳としているんですが、アメリカ人は自由ですから、「働いて儲《もう》けるもよし。怠《なま》けて遊んで暮らすもよし」なんですよ。

だから、「『怠けて遊んで暮らすもよし』の〝キリギリス路線〟の人も、全部、生涯《しょうがい》の生活を保障する」というのは、やはり、アメリカの正義には合わないんですよ。

綾織　アメリカ復興の鍵《かぎ》としては、その部分がいちばん大きいのでしょうか。

小室直樹　思想的な変更《へんこう》があると思うね。

綾織　なるほど。

小室直樹　オバマさんは、マイノリティーに優《やさ》しいからね。それは、非常にキリスト的な考え方なのかもしれないけども、残念ながら、「大アメリカ」をもってしても、アメリカの貧民層《ひんみんそう》というか、働かないで犯罪ばかり犯《おか》している連中を、一生、政府が面倒《めんどう》を見るところまでは行かない。

それをやったら、かつてのイギリスと同じになる。「イギリス病」が始まって、アメリカの本格的な衰退になり、アメリカの世紀は終わる。今世紀の前半で、もう終わってしまいますね。

だけど、アメリカの復活を目指す人が、次に出てくると思います。まだ若い国ですから、二十一世紀中は、必ず、何とか奮闘《ふんとう》すると、私は基本的には読んでいるんですよ。

ただ、オバマさんを選んだら、あと四年間は苦しむだろうし、日本も苦しむと思います。日本も、アメリカに引っ張られるので、中国や北朝鮮《きたちょうせん》、その他の軍事的脅威《きょうい》にさらされることになり、思想的な混沌《こんとん》のなかで非常に混迷するだろうと思います。

しかし、四年後あたりからは、アメリカが変わってきて逆流してきますよ。

幸福実現党が国民に認められるのは四年後？

小室直樹　日本でも、幸福実現党が過去三年やってきて、あと四年やり、七年ぐらいやれば、やっと、「幸福実現党が言っていることは、ある程度、当たっているなあ」という意見が……。

綾織　だいぶ先ですね（笑）。

小室直樹　国民の何割かが、そう思うようになるのが、四年後ぐらいかなという感じですね。

今のところは、まだ、「選挙が近い」と言っても、幸福実現党については、もう名前も出てこない。完全無視状態でしょう？

だから、大阪維新《おおさかいしん》の会というか、「日本維新の会が、民主党の議席をいくら食うか」というだけの問題なんでしょう？　今、そこだけをテーマにしていて、「自民党に単独過半数を取らせないようにする」というのが、左翼的マスコミの戦略だと思う。自民党に単独過半数を取らせたらまずいのでね。

まずは、「憲法改正勢力には絶対にしない」というのが前提でしょう。

それから、「自民党に単独過半数を取らせない」というのが二番目の戦略です。

三番目は、「左翼勢力が入っている政党と連立させて、そこにイニシアチブをとらせ、掻《か》き回させることで、混沌状態をつくる」という戦略だと思います。

ね。

6　中国と韓国《かんこく》が抱《かか》える「欺瞞《ぎまん》」

日本の経済界を中心に「親中国勢力」が復権してくる

釈　本日は、ありがとうございます。
幸福実現党の話も出たようなので、質問させていただきます。

小室直樹　ええ、ええ。

釈　衆院選も近くなってきているのですが、日本では、ポピュリズム（大衆迎《たいしゅうげい》合《ごう》主義）の流れが非常に強くなっていますし、さらに、自虐《じぎゃく》史観のなかで、中国に呼応する左翼《さよく》の動きも非常に強くなっています。

今後、日本の状況《じょうきょう》は、どのようになっていくのでしょうか。

小室直樹　まあ、経済界は、三年前、「中国との経済を拡大することによって、日本の経済が、もう一回、復活するのではないか」と思って、民主党に期待をかけたわけだけど、最近、中国との関係が悪い感じになってきたし、原発問題も起きたりしたので、「エネルギー危機が来たら困る」ということで、ちょっと右に寄ったように見えたね。

ところが、「あんな、人も住んでいない島の領有権のために、中国での工場を全部焼き討《う》ちされたり、閉めざるをえなくなったり、販売《はんばい》ができなくなったりするのは、やはり、被害《ひがい》のほうが大きすぎる」ということで、またしても、もうすぐ政府に泣き言《ごと》を言ってくるだろう。

そのため、野田《のだ》さんが民主党内部で敷《し》いている路線は、経済界が泣きを入れてくることで潰《つぶ》されるだろうと思うんですよ。

そして、「中国と仲良くしよう」という勢力のほうが、また復権してくると思うんです。その結果、宥和《ゆうわ》政策みたいなものが強くなってきて、「自民党の安倍《あべ》さんに政権を取らせない」という戦略を、全体的にはとってくるだろうと思うんですね。

つまり、「そちら（中国との宥和政策）のほうに思想を転換《てんかん》するのなら、維《い》新《しん》の会も存在を許す」というような感じで、引っ繰《く》り返そうとしてくるでしょう。

経済界は、「自分たちが、中国や韓国《かんこく》との貿易をやり、現地での生産などを続けられるためなら、『沖縄《おきなわ》のアメリカ軍基地を返還《へんかん》させてアメリカに出ていってもらう』とか、『オスプレイを飛ばさない』とか、そのくらいのことは構わない」というように考えるだろうね。

彼らは、「アホウドリしか住んでいないような島（尖閣《せんかく》諸島）は、自分たちの利益にはまったく関係がないから、もうどうでもいい」というぐらいの判断をすると思いますよ。

釈　そうした状況を突破《とっぱ》するためには、世論《よろん》のどこを突《つ》いていったらよいでしょうか。

小室直樹　うーん。いやあ、突破できないでしょうね。やられると思います。あなたがたは敗れると思います。ただ、時間はかかりますが、いずれ認められると思います。今は、情勢から見て、たぶん敗れると思いますね。

「自分たちは戦勝国だ」と思っている中国や韓国《かんこく》

釈　話は少し変わりますが、韓国《かんこく》についてお伺《うかが》いします。韓国は、北朝鮮《きたちょうせん》や中国にのみ込《こ》まれてしまうのでしょうか。それとも、韓国主導で南北統一ができるのでしょうか。韓国の未来について、小室先生はどう見ておられますか。

小室直樹　まあ、韓国はねえ、基本的に、駄目《だめ》な国なんですよ。

つまり、「こんにゃく」みたいな国で、もう主体性がないんです。いつも、どっちつかずの態度でフニャフニャと言っています。中国に寄ってみたり、日本に寄ってみたり、まあ、いろいろしているんですが、主体性が全然ない国なんですよ。空気を見て動いているだけですね。

今、竹島問題や尖閣問題で揉《も》めているけども、中国も韓国も、「自分たちは戦勝国なんだ」と思っています。彼らは、戦勝国のつもりでいるんですよ。だから、「敗戦国の日本が、領土問題で、偉《えら》そうに自国の領有を主張するのは許されないことだ。戦勝国の主張が通るのは当然だ」と、こう思っているわけですよ。

だけど、このへんに欺瞞《ぎまん》はあるよね。中国は日本に勝っていないものね。日本はアメリカに負けただけです。アメリカは戦勝国だけど、ヨーロッパの国々にも、アジアの国々にも、日本に勝ったところは一つもないんですよ。

要するに、「中国は戦勝国だ」というのは、まったくの嘘《うそ》で、もうボロ負けして、あまりにも情けない国だったのが、アメリカが日本に勝ったために、その後、かろうじて独立ができただけです。

韓国だって、自分の国の独立義勇軍が戦って勝ち、日本を追い出して独立したわけではなくて、日本が勝手に負けて無条件降伏《こうふく》をしたために、それまでは日本人だったのが、いつの間にか韓国人に戻《もど》ってしまっただけなんですよ。

中国や韓国《かんこく》に分かるのは、「利があるかどうか」だけ

小室直樹　彼らは戦勝国気取りだけど、「本当は、勝って独立したわけではない」という鬱屈《うっくつ》したものが、ものすごくあるんです。

ところが、この鬱屈したものを、ほかの国の人たちは誰《だれ》も理解してくれないんですよ。全然、理解してくれない。それで、自分たちのところだけで鬱屈したものがグルグル回っていて、それをぶつける先は、国内か、あるいは日本しかないんですよ。

このグニャグニャの〝こんにゃく玉〟を投げられる先は、もう日本か、国内の不満分子か、どっちかしかないんですね。

こういう国は、基本的に交渉《こうしょう》の相手ではありません。理性をもって交渉したって、全然、話が通じませんのでね。分かるのは、「利」だけですよ。利害の「利」、つまり、「自分に利益があるかどうか」ということしか分からない。

これは、中国も韓国《かんこく》も一緒《いっしょ》です。「自分に利益があるかどうか」という部分だけは判断できますが、それ以外は、何を言っても駄目です。哲学《てつがく》とか、正義とか、世界の平和とか、そんなものは、何を言っても、全然、通じません。

彼らが食いついてくるのは、「利があるかどうか」ということだけで、これ以外は、なしです。

人民元《げん》やウォンの切り上げを主張して対抗《たいこう》せよ

綾織　その「利」の部分で言えば、韓国経済は、今は調子がいいですが、基本的には、海外からの資本投資に頼《たよ》っていたりして、基盤《きばん》としては非常に弱いと思います。

韓国が、いろいろと日本に対してものを言ってくることに対して、日本としては、経済面で対抗《たいこう》策をとるなど、何か考えられることはございますか。

小室直樹　それは、基本的には、「人民元《げん》の切り上げ」と「ウォンの切り上げ」をやらせて、輸出で苦しんでもらわないといかんでしょうな。

これは、日本が過去に経験したことです。日本の輸出力があまりにも強すぎるので、アメリカは、「ダンピングだ」とガアガア言って、どんどん円高にもっていったでしょう？　やはり、それと同じ経験をしなければいけないと思うんですよ。

だから、「おまえたちがやっているのは、ダンピングだ」と言って、人民元の切り上げとウォンの切り上げを、一生懸命《いっしょうけんめい》、主張すべきですね。

このままだったら、日本の家電なんか、もう全滅《ぜんめつ》ですよ。もう時間の問題で、何年も、もたないですよ。先ほど言った、大中華帝国《だいちゅうかていこく》の崩壊《ほうかい》よりも、日本の家電業界の崩壊のほうが早いと思いますね。「ユニクロを助けたら、日本の家電業界が崩壊する」という関係に、たぶん、なると思います。

韓国のサムスンにしたって、日本の三分の一の人件費でつくられたら、そんなところと競争して勝てるわけはありません。そういう意味で、実に厳しいことですが、通貨を切り上げさせるのがいちばんですね。

彼らの通貨を切り上げさせて、日本が味わった円高の苦しみを、すなわち、円高で輸出が苦しいなか、どんどんコストダウンをしていかなければならない苦しみを、彼らにも味わってもらうのが、基本的には、よろしいのではないかと思います。抵抗《ていこう》はするでしょうけどね。

7　日本の左翼《さよく》の「正体」

戦後日本人が「あの世」や「神」を信じなくなった理由

釈　現在、日本を取り巻く状況《じょうきょう》には非常に厳しいものがあるにもかかわらず、世論《よろん》の左傾《さけい》化が止まりません。どうすれば、世論を中道《ちゅうどう》のほうに戻《もど》せるのか。保守傾向に戻せるのか。その可能性について、小室先生は、どのようにご覧になっていますでしょうか。

小室直樹　いやあ、彼らは、天皇の「人間宣言」以降、宗教を信じていないし、あの世も信じていないんですよ。基本的にね。

戦前、天皇は〝現人神《あらひとがみ》〟でした。だから、「日本の国教は日本神道《しんとう》だった」と言っても、結局は「天皇信仰《しんこう》」だったのよ。ね？

それが、戦後、「天皇は人間である」と宣言してしまったものだから、一種の飾《かざ》り、象徴《しょうちょう》になってしまいました。これでは、信仰の対象になりませんよね。

結局、信仰するものがなくなったために、あの世も神も信じないんですな。彼らにとって、いちばん大事なのは、やはり、この世の命なんです。「命乞《ご》いをしてでも、とにかく生き延びること」が大事なんですね。

だから、「正義のために死ぬ」なんて、ばかばかしいことはやってられないのです。彼らには、そういうことは意味不明なんです。「正義のために死ぬ」とか、「神のために死ぬ」とかいうようなことは理解できません。

アメリカが「正義のために戦う」と言う場合、その「正義」の裏にあるものは「神」なんですよ。「神の正義」のために戦って死ぬことは、称賛《しょうさん》されるべきことです。だから、そういう人が「英雄《えいゆう》」とされるんですよ。

現代の左翼《さよく》は「この世的な快適さ」を最高の価値とする唯物論者《ゆいぶつろんしゃ》

小室直樹　さっきも話に出てきた坂本義和《さかもとよしかず》さんなんかは、「個人として人を殺せば〝人殺し〟となり、国家のために人を殺せば〝英雄〟になる」という現実が、政治学者として理解できないようです。

左翼《さよく》勢力においては、「『国家』というものを取り去ってしまえば、いかなる場合であっても、〝人殺し〟という点では同じである。ゆえに、一律に、『人を殺すのをやめましょう』と言うことができる。これが『平和主義』なのだ」といった考え方が漠然《ばくぜん》と広がっているわけです。

その裏には、もはや、「神」がないんですよ。「神」がないから、「普遍《ふへん》的な正義」というものも存在しない。だから、「正義のために死ぬ」ということもないんです。あるいは、「『普遍的な善』の実現のために死ぬ」ということもないんです。

その結果、「もう、神も仏もなく、善悪もなく、正義もない。ただひたすら、この世の命を生き長らえさせ、できるだけ快適に、快楽に生きることが、『最高の価値』である」ということになります。

彼らは、人生を唯物《ゆいぶつ》的に見て、「この世で苦しみを味わうことなく、いちばん快適な生活ができれば、それでいい。自分の節《せつ》など、いくらでも曲げる」と思っているわけです。要するに、「どちらに主権があるか」「どちらが正しいか」などといったことはどうでもよくて、「利益があって、この世の命さえあればいい。いざというときには、命乞いをすればいい」と思っている。

例の、中国での反日デモのとき、日本企業《きぎょう》の対応はいろいろとあったと思うんだけど、ユニクロも、四十店ほど〝焼き討《う》ち〟を受けたらしいですね（注。九月十八日の大規模デモでは、中国国内六十店舗《てんぽ》が営業を中止した）。しかし、「尖閣《せんかく》は中国のものです」などと書いた紙を貼《は》って、襲撃《しゅうげき》されないようにしていたことについては、世間《せけん》から「売国企業だ」と言われているとおりですね。あの節操のなさが、今の日本の本質なんですよ。

要するに、「少しでも生き長らえることができて、金が儲《もう》かり、楽な生活ができるなら、あとのものは捨てる」といった考え方が、彼らの基本です。だから、「左翼」と言っても、「本当の左翼」ではないんですよ。この世的な〝快適論者〟が「左翼」に見えているだけなのです。

釈　要するに、唯物論とシンクロ（同調）しているわけですね。

「正義に殉《じゅん》じた四十七士《しじゅうしちし》」の美学が理解できない現代の左翼《さよく》

小室直樹　彼らには、やはり、「四十七士《しじゅうしちし》のお墓」にでもお参りしてもらうしかないですわね。

あれは、「幕府の不正なお裁きによって、主君が切腹させられた。これは、天に悖《もと》る行為《こうい》である。許せない」ということで決起した赤穂浪士《あこうろうし》四十七士たちの復讐劇《ふくしゅう》ですけど、これに対して世間はヤンヤの喝采《かっさい》をしたわけでしょう？　今の左翼《さよく》なら、あんなこと、ばかばかしくて、やってられないですよ。どうせ、藩《はん》はお取り潰《つぶ》しになるんでしょうし、家老《かろう》の大石内蔵助《おおいしくらのすけ》以下の者は死ぬんでしょう？　そんな、「どちらが正しかったか」みたいな抽象的《ちゅうしょう》な正義など、ばかばかしいでしょうねえ。

しかし、吉良上野介《きらこうずけのすけ》からさんざんばかにされ、屈辱《くつじょく》を被《こうむ》った、主君の浅野《あさの》内匠頭《たくみのかみ》が「江戸《えど》城城中で刀を抜《ぬ》いた」という理由で切腹させられたことは、（藩士にとって）許しがたいことだったわけです。

このお上《かみ》の裁きは、今で言えば、最高裁の判決のようなものでしょうが、これに対し、県民が「納得《なっとく》がいかない」と立ち上がったようなものですね。県知事以下の県民代表は、しばらくは遊郭《ゆうかく》通い等をして遊んでいるふりをし、隙《すき》を見せておきながら、裏では、武器・弾薬《だんやく》を集め、鍛錬《たんれん》を積んでいたわけです。そして、すっかり相手が油断している隙を狙《ねら》って、討ち入りし、「見事、敵の首を討ち取ったり」ということで、自首をして、切腹でしょう?

それは、日本的な武士道の美学としてほめられてはいますが、今の左翼に分類される人たちにとっては分からない世界であるわけですよ。

8　幸福の科学が「精神革命」を成就《じょうじゅ》する

日本が正義を取り戻《もど》すには「宗教の復活」が必要

釈　では、「日本が正義を取り戻《もど》すには、霊的《れいてき》なものを信じたり、神を信じたりすることが大切である」ということでしょうか。今年十月、「神秘の法」（製作総指揮・大川隆法）という映画も上映されますけれども……。

小室直樹　そうなんだ。やはり、霊的なものが大切だし、基本的には、「宗教の復活」がなければ無理です。「正義」「善」「真理」などと言っても、言葉だけでは分からないんです。現代人は、真理というものが分からないために、それをもう少し技術的なものとして考えているわけです。

例えば、「平和こそが『真理』である。平和にするためには軍縮が必要であり、そのためには、各国の軍縮比率をこのくらいにすべきである。そうしていけば、戦争は起きにくいだろう」というような技術的な議論をすることが、「科学的、現代的なことである」と、おそらくは考えているでしょうね。

綾織　その「宗教の復活」という部分についてお伺《うかが》いしたいと思います。

戦後日本の状況《じょうきょう》としては、丸山眞男《まるやままさお》氏などから出された、「宗教を社会の表側から排除《はいじょ》する」というような考え方が主流になっております。

先ほど、小室先生は、「幸福実現党が認められるようになるまでに、あと四年はかかる」とおっしゃっていましたが、「宗教の復活」を遂《と》げるためにも、私たちは、本当に努力していかなければならないと考えています。

そこで、この時間をできるだけ短くするためには、どのようにすればよいとお考えでしょうか。

小室直樹　いや、それは、「幸福実現党」というよりも、本体の「幸福の科学」の問題かもしれませんけどね。「幸福の科学がどこまで認められるか」ということと連動するでしょうから、こちらが認められれば、政治活動の部分も、やはり、「その延長上にあるもの」として認められるでしょう。人々は、「それ(幸福の科学の思想)を、この世で具体的に実現しようとしているのだな」と理解するので、やはり、宗教本体のほうの信頼《しんらい》が影響《えいきょう》すると思うんですよね。

「日本の精神革命」を成し遂《と》げられるのは幸福の科学だけ

小室直樹　今、言ったような普遍《ふへん》的な価値については、私が見ているかぎり、「侍物《さむらいもの》」などを通して個人的に書いている評論家等もいるとは思うんですけども、「日本における精神革命」を、組織的なかたちで成し遂《と》げる可能性があるところは、現時点では、幸福の科学しかないと思います。これ以外にはない。

創価学会《そうかがっかい》は、公明党をつくって、一部、政権のなかへ入ったりしたこともあるけれども、内部では、「中国との国交回復に、陰《かげ》で役に立った」ということが手柄《てがら》話なんです。「中国との国交回復は、実は、公明党が成し遂げたものだ。池田名誉《いけだめいよ》会長のお力によって、中国との国交が成り立ったんだ」ということが自慢《じまん》話ですから、中国から勲章《くんしょう》や名誉博士号をいっぱいもらって、それをぶら下げて喜んでいる状態なんですね（笑）。

だから、「日本と中国の仲が悪くなる」ということは、創価学会にとっては困ることなんです。成功した自分らの歴史が踏《ふ》みにじられることになるわけですから、基本的には、左翼《さよく》と同じ動きをすると思うんですよ。彼らは、中国の利益を守る方向、あるいは、日中関係の維持《いじ》を図《はか》る方向に動くと思われるので、宗教の勢力としては期待できません。まったくカウントできないと思いますね。

したがって、基本的には、「幸福の科学が、言論および信仰《しんこう》で、国民を折伏《しゃくぶく》できるかどうかにかかっている」と、私は思いますね。

釈　つまり、「幸福の科学グループの戦い」ということですね？

小室直樹　そう。グループの戦いですね。

「予言者・大川隆法」を十字架《じゅうじか》に架けようとする勢力に警戒《けいかい》せよ

小室直樹　あなたがたは、いろいろなものをつくっているんでしょうけれど、やはり、日本のなかに地盤《じばん》をつくり、海外にも応援《おうえん》勢力をつくって推《お》していかないと、しかたがないと思いますね。

その間に、関連勢力をつくり、日本人に浸透《しんとう》させていく力、弟子《でし》の伝道能力が弱ければ、あなたがたの映画（「神秘の法」）にも描《えが》かれているように、救世主が殺される方向に行くと思うんです。イエスもそうだっただろうし、そういう人は、過去の予言者にもたくさんいると思います。

日蓮《にちれん》だって、流罪《るざい》になったり、首を斬《き》られそうになったりと、命からがらの体験をいっぱいしていますけど、予言者が単独で活動した場合には、時の政権が弾圧《だんあつ》をかけてくるのは当然のことですよね。

また、ある程度の勢力ができて、本願寺《ほんがんじ》みたいになっても、武士勢力が戦いを挑《いど》んでくるようなことがありますしね。

だから、弟子の勢力が弱ければ、おそらく、大川隆法総裁自らが「戦艦大和《せんかんやまと》、最後の沖縄《おきなわ》決死行」のようになるでしょうね。そのへんは、外の問題だけじゃなくて、幸福の科学内部の問題でもあるわけです。「この世的に、それだけの勢力を、どのくらいの時間で張れるか」というところでしょうね。弟子の能力が低ければ、あるいは、やる気がなければ、総裁を玉砕《ぎょくさい》させることになるでしょう。

予言者として、これだけ言いたい放題のことを言ったり、本を千冊も出したりしていれば、時期的には、そろそろ、十字架《じゅうじか》に架けないといけないころですね。これ以上しゃべらせると危険ですから、早く十字架に架けないといけない。幸福実現党が議席を取る前に、十字架に架けなければいけないころです。

もし、日本政府が、「大川を犠牲《ぎせい》として差し出しますので、これで許してください」などという密約を中国と結んだら、たまったものではありません。政府が公明党と結託《けったく》して、「大川を十字架に架け、中国に売り渡《わた》しますので、どうか、これで機嫌《きげん》を直してください。そのかわりに、日中の国交を回復しましょう」などということをしたら、たまったものじゃないですよね。

綾織　「そのような事態は絶対に避《さ》ける」という決意で、私たちは頑張《がんば》ってまいります。

小室直樹　うん。

9 「宗教文明の対立」を乗り越《こ》えるには

宗教の統合には、まだ時間がかかるだろう

綾織　小室先生は、宗教社会学というか、マックス・ウェーバーの研究もされていたと思います。

小室直樹　ああ、はいはい。

綾織　キリスト教、イスラム教、仏教についても非常にお詳《くわ》しいですが、こう

した世界宗教のなかで、幸福の科学を位置づけたならば、どのようになると、お考えでしょうか。

また、幸福の科学が、今後、こうした世界宗教と並んで発展していくためのアドバイスを頂ければ、たいへんありがたいと思います。

小室直樹　いやあ、これは、私に訊《き》くよりは、大川隆法先生のほうに訊くべきだと思うけど。「宗教学をやった」と言っても、片手間だし、趣味《しゅみ》だから、そんなに詳しいわけじゃない。よくは分かりませんけどね。

ただ、政治の研究は、結局、宗教紛争《ふんそう》も研究しないかぎり、できないんですよ。「なぜ国際的な紛争・対立があるか」と言ったら、やはり、それは、宗教の違《ちが》いによる意見の相違《そうい》が、どうしても起きてくるからだよね。

幸福の科学は、「世界の宗教を統合する」と言っているけど、そこまで行くかどうかというのは、まあ、客観的に見ると、中途《ちゅうと》で挫折《ざせつ》する可能性のほうが高いだろうとは思う。おそらく、「創唱者、教祖《きょうそ》の思い自体は遺《のこ》り、長い時間をかけて、しだいに、そちらのほうに世界が動いていく」というスタイルが、基本なのかな。

やはり時間はかかると思う。「宗教が、これだけ強固に、いろんな国に入り、政治・経済まで支配している」という意味では、唯物論《ゆいぶつろん》勢力との戦いよりも、最後の「宗教間の軋轢《あつれき》を乗り越《こ》えること」のほうが、さらに難しいかもしれない。

宗教間の調停というのは、実に難しい。キリスト教のなかだって、たくさん割れているぐらいですからね。

「イスラエルによるイラン攻撃《こうげき》」は秒読み段階に近い

小室直樹　やはり、キリスト教対イスラム教の憎《にく》しみが、次の世界紛争の大きな鍵《かぎ》を握《にぎ》っていると思いますよ。

イランとイスラエルの関係のところは、もう、秒読み段階に近いかもしれないですね。今のままだったら、新しい紛争が起きる可能性は極《きわ》めて高いです。

アメリカのオバマさんは、宥和《ゆうわ》政策者だから、あっちもこっちもなだめて、「まあまあ、まあまあ」と、一生懸命《いっしょうけんめい》、言っていますけど、今、イスラエルは、「どうやってイランを急襲《きゅうしゅう》するか」ということばかり考えています。

ただ、ちょっと距離《きょり》があるのでね。イスラエルからイランまで行って、攻撃《こうげき》して帰ってくるだけの客観的な力が足りないんです。空中給油をしないかぎり、やれないので、このへんのところをどうやって補うか。それと、他のイスラム諸国との関係もありますのでね。

まあ、でも、イスラエルのほうは、イランの核《かく》の完成度が九割を超《こ》えたと見たら、絶対に攻撃すると思う。何か、ほかの手を使ってでも、やるのではないかと思いますね。

イスラエルは、オバマさんがいなくなるのを待っているでしょう。「いなくなってくれて、共和党の大統領になってくれると、やれるんだけど」と思っているでしょうね。イスラエルにとっては、アメリカの空母とかを使えたら、ありがたいけど、「はたして戦ってくれるかな」という不安があるだろうね。

だから、今、（再選を阻《はば》もうとして）アメリカでは、「オバマさんはイスラム教徒だ」という噂《うわさ》が流されているんだと思います。

中世イスラムに学んで近代化を図《はか》ったヨーロッパ

綾織　「もう少し長いスパンで見たときに、中東はどうなっていくか」ということについてお訊きします。

今、イスラム原理主義の勢力が、エジプトで政権を取るなど、中東で広がりつつありますが、今後、イスラム教国が強硬《きょうこう》姿勢を強め、キリスト教国やイスラエルと激しく対立していった場合、ハルマゲドンと言われる最終戦争が起きる展開になっていくのでしょうか。

小室直樹　あなたがた日本人は理解していないと思うけど、韓国《かんこく》や中国が言っていることと似たようなものがあるんですよ。

彼らは、国内では、「日本は『発展した』『繁栄《はんえい》した』と言ってるけども、オリジナルは、全部、中国から来ているじゃないか」「全部、韓国経由でもらったものじゃないか」と、ずーっと言い続けています。

すなわち、彼らには、「日本は、中国や韓国のものを入手し、それに手を加えただけで金儲《もう》けをして大きくなったんだから、日本のものをいくらまねしてもいい。そんなのは当然だ。日本が取ったんだから、日本のものをまねしても、著作権料なんか払《はら》わないのは当たり前なんだ。特許権なんかも要《い》らない」というような考えがあるわけですね。

実は、ヨーロッパ対イスラム圏《けん》にも、これと同じようなところがあります。

つまり、中世においては、イスラム教圏のほうが、科学的にも経済的にも発展していたんですよ。

当時、ヨーロッパは、何度にもわたる十字軍をやりましたが、最終的に決着がつかず、イスラム圏を征服《せいふく》できませんでした。しかし、その結果、ヨーロッパとイスラム圏との間に交流路ができたんですよね。

ただ、イスラムを滅《ほろ》ぼすことはできなかった。キリスト教が世界で無敵だったら、滅ぼせたはずなのに、滅ぼすことはできなかった。

逆に、イスラムの影響《えいきょう》は着実に入ってきた。イスラムの科学技術や、いろんな高度な文化が、中世のヨーロッパに入ったんですよ。そういうイスラムの文物《ぶんぶつ》が入ったことによって、実は、ヨーロッパの近代化が進んだのです。

要するに、イスラムを攻《せ》めたところ、意外に強かったので、イスラムに負けないようにするために、ヨーロッパは、イスラムに学んで近代化を図《はか》った。実は、これが、産業革命以降のヨーロッパの興隆《こうりゅう》の原因なんですよ。

十字軍で、実際、勝てなかった。そのあと、いちばん近いイタリア付近からルネッサンスが始まり、さらに産業革命が起きていくわけですが、結局、「イスラムに勝てるヨーロッパにしていきたい」という願いが強かった。

そういう理由で、スペインやポルトガル等は、海洋戦略をとり、世界を支配して世界の富を集め、イスラムと対抗《たいこう》できるレベルにしようとしたわけですね。

実は、イスラムのほうは、船を出しての貿易等もだいぶやっていて、海洋のほうも進んでいたのでね。

「自分のほうが進んでいる」と主張するイスラム教とキリスト教

小室直樹　結局、中国、韓国が言っているようなことを、実はイスラムも言っているわけです。

すなわち、「キリスト教圏は、イスラム教を差別して、『後《おく》れた宗教だ。後れた文明だ』というような言い方をしているけれども、それは、とんでもない間違いだ。イスラム教は、キリスト教に遅《おく》れること五百数十年、ムハンマドが始めた宗教だけども、これは、神の最新バージョンの教えである。イエスの教えは二千年前のバージョンであり、イエスの五百四十年後の新バージョンが、イスラム教なんだ。だから、神の教えの新しいバージョンであるイスラム教の教えのほうに合わせるべきである。われらは『旧約聖書《きゅうやく》』や『新約聖書《しんやく》』も、神にかかわるものと認めて、下敷《したじ》きにしているけれども、新バージョンはこれだから、この統一規格としての〝ウィンドウズ〟に合わせるべきだ」ということを言っているわけですよ。

ところが、古いほうは古いほうで、頑迷《がんめい》に頑張っていて、「うちのほうが進んでいる」と言っているわけです。例えば、「女性がスカーフを着けなければいけないのは人権侵害《しんがい》だ」とか、「女性の社会進出が遅れている」とか、「イスラム法によって政教分離ができていないところが遅れている」とかね。

まあ、こういう文明の戦いは、簡単には終わらないですよね。

世界の貧困層《ひんこん》に「自助努力と資本主義の精神」を教えよ

綾織　ヨーロッパのほうは、近代資本主義を生み出し、それで発展してきたわけですが、今は、資本主義の精神がやや衰退《すいたい》し、社会保障を重視する流れが強くなっています。その結果、いろいろな国で、財政赤字が膨《ふく》らみ、財政危機が問題になっています。

そこで、「今後、資本主義は、どのように復活していくべきか。あるいは発展していくべきか」ということについて、お伺《うかが》いできればと思います。

小室直樹　少なくとも、「今のアメリカと、ヨーロッパの一部の国の資本だけでもっては、七十億人から百億人に向かう人口を抱《かか》える世界のなかの貧困層《ひんこん》の、その抉《えぐ》れている部分を埋《う》め尽《つ》くすだけの富はない」ということは言える。これは無理だと思いますね。

だから、彼ら（世界の貧困層）に、ある程度、「自助努力と資本主義の精神」を持ってもらえるように、そういうことを教える〝宣教師《せんきょうし》〟が必要でしょうね。

そうしないで、昔のヨーロッパの植民地主義のような単なる略奪《りゃくだつ》経済だけを考える「習近平《しゅうきんぺい》主義」が流行《はや》った場合は、太平洋地域もアフリカも、核を背景にした軍事力の下で、資源が搾取《さくしゅ》されていくだけになるでしょう。下手をしたら、「搾取に反対していた共産主義国が、搾取を専門にする」ということが起きますね。彼らにとっては、自分たちの十何億の国民を食べさせていくだけでも大変であって、ほかの国民が死のうが、どう思おうが、そんなことはどうでもいいということでしょう。

とにかく、中国は、これから人口が十五億、十六億と増えるかもしれないわけですが、今のところ、食べていけるめどが十分立っていないんですよ。だから、そちらのほうが優先ですよね。

次に、大川総裁はオーストラリアへ講演に行かれるんだろうけど（二〇一二年十月）、中国にとっては、オーストラリアなんか手ごろな植民地に見えているはずです。おいしいラム肉に見えているでしょう。

あんなに大きな国土で、人口は二千万人しかいませんから、ここに中国人を二、三億人送り込《こ》めば、完全に乗っ取れます。十倍の中国人が入り込んだら、完全に支配できますからね。中国は、そんなことをしたいでしょう。

まあ、「人口が増える」ということには、富が増える面もあるんだけれども、残念ながら、今はまだ、貧困層のほうが多いのではないかと思います。今でも、八億人から十億人ぐらいは飢《う》えているのではないかと思うけど、これが、もっと増える可能性が高いですね。

10 「宗教の大復活」が日本と世界を救う

過去世《かこぜ》は、古代ギリシャの哲学者《てつがくしゃ》の一人

釈　本日は、「大予言」ということで、今後の世界の見取り図についてお示しくださり、本当にありがとうございます。

「今回、こういうお話をしてくださった」ということは、やはり、小室先生は、予言者系の魂《たましい》でいらっしゃるのでしょうか。過去世《かこぜ》のご活躍《かつやく》等について、差《さ》し支《つか》えない範囲《はんい》で、お教えいただければと思います。

小室直樹　うーん……。

私は天下の素浪人《すろうにん》だから、そんなに偉《えら》くないんじゃないですか。ええ。きっと、変わった趣味人《しゅみじん》ですよ。

釈　奇人《きじん》・変人《へんじん》と言ったら語弊《ごへい》がありますけれども（笑）（会場笑）。

小室直樹　いやあ、いい称号《しょうごう》ですよ。そのとおりですから。

釈　そのあたりの、何か、秘密を……。

小室直樹　まあ、どうせ、「樽《たる》のなかの哲人《てつじん》」のような人なんじゃないですか

（注。古代ギリシャの哲学者ディオゲネスかと思われる）。

綾織　では、ギリシャで活躍されて……。

小室直樹　ええ。あのような人ですよ。ほかに考えられないでしょう。偉い人は、私とは違《ちが》いますから、どうせ、そのような人ですよ。

綾織　アレキサンダー大王と話をしたり……。

小室直樹　ええ。どうせ、そのような人ですよ。

綾織　そのような人ですか。

小室直樹　ええ。そのような人ですよ。

綾織　そうですか。

小室直樹　そんな人は、探せば、ときどき出てくるでしょうよ。

まあ、おたくの長男（大川宏洋《ひろし》）のような人です。私は、ああいう人の仲間なんじゃないですか。きっと、そうだと思いますよ。何をしているか分からないような人だと思います。

だから、資本主義の精神とあまり合っていないかもしれないなあ。まあ、他《ひ》人事《ひとごと》だよね。あまり金儲《もう》けに熱心でもなかったし。

すみませんね。先ほどの「生きていければよかった」っていうのは、実は、私のことでもあって、もう、食っていくのが精いっぱいで、結婚《けっこん》するのも大変だったぐらいですから。

ここ（幸福の科学）は、経済力をつくるのがうまいから、大したもんだなあ。やっぱり才能ですね。信じられないな。

今、「宗教の大復活」がなければ、日本も世界も救えない

小室直樹　とにかく、「幸福実現党が天下を取る」というのには、「産経新聞が、クオリティ紙として朝日・読売に打ち勝ち、ナンバーワン紙になる」というの

と同じぐらいの難しさがある。それは知っておいたほうがいいですよ。

幸福実現党は、いいことを言っているのに、どうして取れないんだろう？

みんな、おかしいねえ。

産経新聞も、一千五百万部ぐらい出て、ナンバーワン紙になるといいのに……。でも、なかなかならない。悔《くや》しいね。

綾織　先ほど、「幸福実現党が認められるのに、あと四年ぐらいはかかる」とおっしゃられましたが、「その期間を、できるかぎり短くしていく」という決意で頑張《がんば》ってまいります。

小室直樹　だけど、救世主の意味合いというのは、同じ時代に生きている人には、本当は分からないかもしれない。千年後、二千年後、三千年後の視点もあるから、分からないかもしれない。

だから、自分たちの活動期間内に成果が出なかったからといって、それで、疑ったり、あきらめたり、見捨てたりしてはいけないと思います。

キリスト教の歴史だって、ほとんど、失敗の歴史なんですよ。イスラム教だって、もう、ひどい目に遭《あ》っています。全知全能のアラーが味方をしているのに、けっこう死んでいて、大変なんです。やられて、やられて、逃《に》げ回っているわけですから。まあ、不思議なことですが、そういうことがあります。

一方、日本の神様は、全体的に言えば、けっこう強いんです。相撲《すもう》でいうと、横綱《よこづな》クラスですね。横綱は、十五戦全勝しなくても、十四勝一敗だって、その地位を保てますよね。十三勝二敗ぐらいでも、まだ保てます。

だから、日本は一回負けたかもしれないけど、「それで、みんな、そっぽを向いて、神棚《かみだな》を投げ捨てる」というのは、ちょっと考えものかな。私はそう思いますね。

それに、日本神道《しんとう》の神々も、けっこう復活してくると思いますよ。大川隆法さんを孤立《こりつ》させないようにするため、日本神道系の神々も、おそらく、応援《おうえん》というかたちで復活なされてくるだろうし、他の宗教で活躍していたような人も、外国も含《ふく》めて、いろいろなところから復活してくるだろうと思います。

とりあえず、小室直樹の大予言として言えることは、小室直樹の大復活じゃなくて、「やはり、今、『宗教の大復活』がなければ、日本も世界も救えないのではないか」ということです。できれば、キリスト教、イスラム教を、正《せい》・反《はん》・合《ごう》で統合していくようなものになっていくといいですね。

まあ、景山《かげやま》君とも、そんな話をしているんだけど……。

綾織　さようでございますか。

小室直樹　ええ。「実現党は、これから、どうしたら勝てるんだろうね。俺《おれ》が生きてりゃ、デモをやるんだがなあ」とか、「今のままでは、ちょっと難しいなあ」とか言っているよ。

うーん、つらいね。なかなか行かないもんだね。

綾織　ぜひ、今後とも、天上界《てんじょうかい》から厳しくご指導いただければと思います。

本日は、本当にありがとうございます。

小室直樹　『小室直樹の大予言』は売れるといいなあ。ミリオンセラーに行かないかなあ。何か、そういうインパクトがバーンと出ると、支持勢力が増えることがあるんだよな。会員のなかだけで、何万部かずつ売れるぐらいでは、裾《すそ》野《の》がそんなに広がらないからね。

綾織　最近も、小室先生の著書が再版されたりしておりますので、ニーズはすごくあると思います。

小室直樹　そうかなあ。でも、小室ファンって、やっぱり百万人はいないなあ。うーん……、よくて五万人かな（笑）。

綾織　いえいえ。頑張ります。

小室直樹　ま、二、三万ぐらいかな。まあ、でも、「面白《おもしろ》いかもしれない」と思って、読んでくれるかもしれないねえ。

幸福実現党は、まだ四年ぐらい苦戦が続く？

小室直樹　だけど、現状分析《ぶんせき》としては、左翼《さよく》の巻き返しの力のほうが強いと思うので、まだ四年ぐらいは苦戦が続くと思います。

次の衆院選は、衆参同時選になる方向に流れていっており、これだけは、義《よし》経《つね》の予言が当たりそうな感じになってきつつある（『公開霊言《れいげん》 天才軍略家・源《みなもとの》義経なら現代日本の政治をどう見るか』〔幸福実現党刊〕参照）。

ただ、幸福実現党は、まだ、勝てない可能性が高い。左翼勢力には、「安倍《あべ》を滅《ほろ》ぼしたい」という怨念《おんねん》がすごく強いので、「安倍と政策が近いところも一《いっ》緒《しょ》に葬《ほうむ》ってしまいたい」という気持ちがあるだろうね。

だから、これからは、「衆参同時選まで解散を延ばし、その間《かん》に、安倍人気を地に落とす。今、たぶん五十パーセント前後はあるだろうが、半年で二十パーセントにまで落とす。また、野田《のだ》についても、適当に左翼の人に切り替《か》える」という動きが激化してくるんじゃないかな。

朝日新聞は、なかなか、そんな簡単に産経新聞に負けないんですよ。これが厳しいところだなあ。

綾織　産経新聞は置いておきまして、私たちとして、頑張ってまいります。

小室直樹　ああ、そうか。

釈　愛溢《あふ》れるご指導を頂き、本当にありがとうございました。

小室直樹　（釈に）君、東京で出る気かい？　東京で〝宝塚《たからづか》〟を張るのかい？　大変だなあ。どうやって、やろうかね？　やっぱり、銀座あたりをヌードで走るんだよ、パーッと（会場笑）。それを写真雑誌に何誌も載《の》せて、逮捕《たいほ》される。で、リリースされる。うーん。あの作戦を、もう一回やったほうがいいんじゃない？

釈　（苦笑）小室先生らしいアドバイスを頂き、本当にありがとうございます。

小室直樹　関心があるけどな。

釈　しっかり精進《しょうじん》してまいります。

小室直樹　まあ、頑張りたまえ。

綾織・釈　ありがとうございました。

11 「小室直樹の霊言《れいげん》」を終えて

小室直樹霊《れい》が見通した「近未来世界の様相」

大川隆法　うーん。まあ、話のスケールは大きいですが、やはり、他人事《ひとごと》のようなところがあったように思います。責任のある立場での発言ではなかったかもしれませんね。

「われわれの勢力が、そんなに簡単には勝てない」と言ってくれたことは、善意のアドバイスなのでしょう。

また、「日本の左翼《さよく》は、いわゆる『マルクスの信奉者《しんぽうしゃ》』としての左翼ではない」とも言っていました。つまり、天皇制を信じていた者の崩壊《ほうかい》と、神の下《もと》の正義や善を信じていた勢力の衰退《すいたい》により、「この世の命だけを生き長らえて、利益が得られ、少しでも快適であればいい」という意味での左翼勢力に成り代わってきているので、「あの世のことなど考えたくもない」という感じになっているわけです。そのため、こういう意味での左翼に打ち勝つことは、かなり難しいと言えます。

要するに、命が惜《お》しいために、戦争を主導したり、けしかけたりするような勢力に対しては、できるだけ、それを封《ふう》じ込《こ》めたり、避《さ》けたりするような動きをするのでしょう。

自民党の安倍《あべ》氏が政権を取ったら、中国と戦争になるかもしれないため、もう、「くわばら、くわばら」という感じで、「『総理になってほしくない』という力が働いてくるのではないか」という読みでしたね。

さらに、「アメリカも、今回の大統領選で再び間違《まちが》いが起きれば、巻き返しは四年後ぐらいになると思われるので、これから四年ぐらいはつらいかもしれない」という読みでした。

しかし、「十年以内ぐらいの間には、何とか、反転するのではないか」ということでもありましたね。

当会もそれに備えて頑張《がんば》らなくてはいけません。まだ、「二〇三高地」は続くようです。厳しいですね。

やはり「宗教の大復活」は幸福の科学にしか成しえない

綾織　道筋としては、「宗教の大復活」ということが、はっきりと見えました。これをやっていくしかないと思います。

大川隆法　「これをしないかぎり、絶対に勝てない」ということでしたし、「幸福の科学以外で、その可能性があるところはない」ということでもありました。

まあ、しかたないですね。ただ、一冊一冊の本が攻撃《こうげき》になってはいるのです。例えば、当会が、大江健三郎《おおえけんざぶろう》氏批判の本を出したら、彼らは、村上春樹《むらかみはるき》氏を引っ張り出してくるようなことをしなければいけなくなっているわけです。やはり、〝弾《たま》〟自体が当たっていないわけではないのでしょうから、一個一個、論点を詰《つ》めて、戦いを続けていくことが大切です。また、坂本義和《さかもとよしかず》氏に〝弾〟が当たったのなら、この人を前面に出しては戦えなくなってくるわけですね。

一方、こちらが小室直樹氏の霊言《れいげん》を出せば、向こうは小室氏を批判するような人を探して、引っ張り出してくるような感じになるのかもしれません。

この戦いは、それほど甘《あま》くはないでしょう。彼らも、「この世でできるだけ、快楽的に生き延びたい」という気持ちを持っているようですので（笑）、そうした欲望は、かなり強いと思います。

したがって、「そんな簡単に、尖閣《せんかく》のために死ねるか」という思いが、産業界と一体化する可能性は高いわけですね。左翼系の人からすれば、「島の売り渡《わた》しぐらい、いくらでもしてしまう」という感じに近いのでしょうか。

野田《のだ》総理も、かなり危ない感じです。「主権論者も引っ込め！」と言われて、後ろから弾が飛んできそうな感じがしますね。

まあ、手強《てごわ》いかもしれませんが、頑張りましょう。

あとがき

八月の竹島問題で、韓国の大統領が上陸し、またぞろ従軍慰安婦を持ち出してくるのには、本当にへきえきした。小室学を知っていれば、「日本が謝罪すればするほど、韓国は怒り狂うという構図」（『小室直樹の学問と思想』）があるので、あくまで強気で突っぱねねばなるまい。小室は中国人との関係に対しても、「アメリカ人だと思ってつきあいなさい」（『小室直樹の中国原論』）とアドバイスしているので、論理的に明快に意見を言うことが大事だ。私のこの本なども、意見、結論がはっきりしているので、意外と中国人には信用されるかもしれない。

日本人自身も、自分の国に自信を持ち、早く大人になることが大事だと信じるものである。

二〇一二年　十月二日

幸福《こうふく》の科学《かがく》グループ創始者兼総裁《そうししゃけんそうさい》　大川隆法《おおかわりゅうほう》

『小室直樹の大予言』　大川隆法著作関連書籍

『大江健三郎に「脱原発」の核心を問う』（幸福の科学出版刊）

『朝日新聞はまだ反日か』（同右）

『ＮＨＫはなぜ幸福実現党の報道をしないのか』（同右）

『従軍慰安婦問題と南京大虐殺は本当か？』（同右）

『公開霊言　天才軍略家・源義経なら現代日本の政治をどう見るか』（幸福実現党刊）

小室直樹《こむろなおき》の大予言《だいよげん》―― 2015年 中華帝国の崩壊――

2012年10月17日　初版第1刷

著　者　　大《おお》川《かわ》隆《りゅう》法《ほう》

発行所　　幸福の科学出版株式会社

〒107-0052 東京都港区赤坂2丁目10番14号
TEL(03)5573-7700
http://www.irhpress.co.jp/

印刷・製本　株式会社 堀内印刷所

落丁・乱丁本はおとりかえいたします

ISBN978-4-86395-257-7 C0031

大川隆法ベストセラーズ・国難を打破する

国を守る宗教の力

この国に正論と正義を

３年前から国防と経済の危機を警告してきた国師が、迷走する国難日本を一喝！ 日本を復活させる正論を訴える。
【幸福実現党刊】

1,500円

この国を守り抜け

中国の民主化と日本の使命

平和を守りたいなら、正義を貫き、国防を固めよ。混迷する国家の舵取りを正し、国難を打破する対処法は、ここにある。
【幸福実現党刊】

1,600円

平和への決断

国防なくして繁栄なし

軍備拡張を続ける中国。財政赤字に苦しみ、アジアから引いていくアメリカ。世界の潮流が変わる今、日本人が「決断」すべきこととは。
【幸福実現党刊】

1,500円

※表示価格は本体価格（税別）です。

大川隆法ベストセラーズ・中国の今後を占う

中国と習近平に未来はあるか

反日デモの謎を解く

「反日デモ」も、「反原発・沖縄基地問題」も中国が仕組んだ日本占領への布石だった。緊迫する日中関係の未来を習近平氏守護霊に問う。

【幸福実現党刊】

1,400円

李克強 次期中国首相本心インタビュー

世界征服戦略の真実

「尖閣問題の真相」から、日本に向けられた「核ミサイルの実態」、アメリカを孤立させる「世界戦略」まで。日本に対抗策はあるのか!?

【幸福実現党刊】

1,400円

中国「秘密軍事基地」の遠隔透視

中国人民解放軍の最高機密に迫る

人類最高の霊能力が未知の世界の実態を透視する第二弾! アメリカ政府も把握できていない中国軍のトップ・シークレットに迫る。

1,500円

大川隆法 ベストセラーズ・反日思想を正す

従軍慰安婦問題と南京大虐殺は本当か？

左翼の源流 vs. E.ケイシー・リーディング

「従軍慰安婦問題」も「南京事件」も中国や韓国の捏造だった！ 日本の自虐史観や反日主義の論拠が崩れる、驚愕の史実が明かされる。

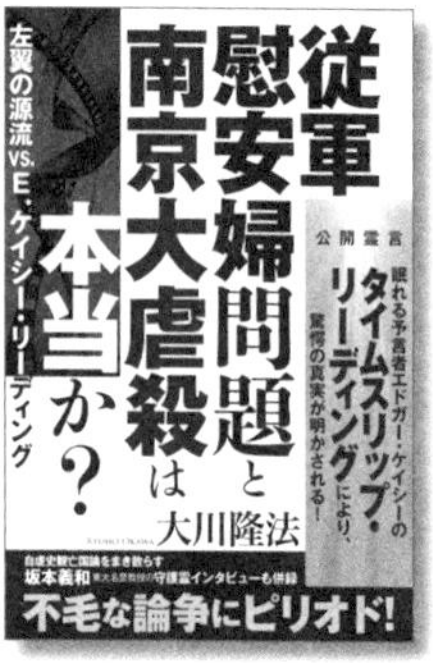

1,400円

NHKはなぜ幸福実現党の報道をしないのか

受信料が取れない国営放送の偏向

偏向報道で国民をミスリードし、日本の国難を加速させたNHKに、その反日的報道の判断基準はどこにあるのかを問う。

1,400円

朝日新聞はまだ反日か

若宮主筆の本心に迫る

日本が滅びる危機に直面しても、マスコミは、まだ反日でいられるのか!? 朝日新聞・若宮主筆の守護霊に、国難の総括と展望を訊く。

1,400円

※表示価格は本体価格（税別）です。

大川隆法ベストセラーズ・日本の政治を立て直す

坂本龍馬 天下を斬る!

日本を救う維新の気概

信念なき「維新ブーム」に物申す!
混迷する政局からマスコミの問題点まで、再び降臨した坂本龍馬が、現代日本を一刀両断する。
【幸福実現党刊】

1,400円

横井小楠 日本と世界の「正義」を語る

起死回生の国家戦略

明治維新の思想的巨人は、現代日本の国難をどう見るのか。ずば抜けた知力と世界を俯瞰する視点で、国家として進むべき道を指南する。
【幸福実現党刊】

1,400円

公開霊言 天才軍略家・源義経なら 現代日本の政治をどう見るか

先の見えない政局、続出する国防危機……。現代日本の危機を、天才軍事戦略家はどう見るのか? また、源義経の転生も明らかに。
【幸福実現党刊】

1,400円

幸福の科学グループのご案内

宗教、教育、政治、出版などの活動を通じて、地球的ユートピアの実現を目指しています。

宗教法人　幸福の科学

一九八六年に立宗。一九九一年に宗教法人格を取得。信仰の対象は、地球系霊団の最高大霊、主エル・カンターレ。世界百カ国に迫る国々に信者を持ち、全人類救済という尊い使命のもと、信者は、「愛」と「悟り」と「ユートピア建設」の教えの実践、伝道に励んでいます。

（二〇一二年十月現在）

公式サイト
http://www.happy-science.jp/

愛

幸福の科学の「愛」とは、与える愛です。これは、仏教の慈悲《じひ》や布施《ふせ》の精神と同じことです。信者は、仏法真理をお伝えすることを通して、多くの方に幸福な人生を送っていただくための活動に励んでいます。

悟り

「悟り」とは、自らが仏の子であることを知るということです。教学《きょうがく》や精神統一によって心を磨き、智慧《ちえ》を得て悩みを解決すると共に、天使・菩薩《ぼさつ》の境地を目指し、より多くの人を救える力を身につけていきます。

ユートピア建設

私たち人間は、地上に理想世界を建設するという尊い使命を持って生まれてきています。社会の悪を押しとどめ、善を推し進めるために、信者はさまざまな活動に積極的に参加しています。

国内外の世界で貧困や災害、心の病で苦しんでいる人々に対しては、現地メンバーや支援団体と連携して、物心両面に渡り、あらゆる手段で手を差し伸べています。

年間３万人を超える自殺者を減らすため、全国各地で街頭キャンペーンを展開しています。

公式サイト
http://www.withyou-hs.net/

ヘレン・ケラーを理想として活動する、ハンディキャップを持つ方とボランティアの会です。視聴覚障害者、肢体不自由な方々に仏法真理を学んでいただくための、さまざまなサポートをしています。

公式サイト
http://www.helen-hs.net/

教育

学校法人 幸福の科学学園

幸福の科学学園中学校・高等学校は、幸福の科学の教育理念のもとにつくられた学校です。人間にとって最も大切な宗教教育の導入を通じて精神性を高めながら、ユートピア建設に貢献する人材輩出を目指しています。

幸福の科学学園
中学校・高等学校（男女共学・全寮制）
2010年4月開校・栃木県那須郡

TEL **0287-75-7777**
公式サイト
http://www.happy-science.ac.jp/

関西校（2013年4月開校予定・滋賀県）
幸福の科学大学（2015年開学予定）

仏法真理塾「サクセスNo.1」

小・中・高校生が、信仰教育を基礎にしながら、「勉強も『心の修行』」と考えて学んでいます。

TEL **03-5750-0747**（東京本校）

心の面からのアプローチを重視して、不登校の子供たちを支援しています。また、障害児支援の「**ユー・アー・エンゼル!**」運動も行っています。

不登校児支援スクール「ネバー・マインド」

幼少時からの心の教育を大切にして、信仰をベースにした幼児教育を行っています。

エンゼルプランV

NPO 活動支援

学校からのいじめ追放を目指し、さまざまな社会提言をしています。また、各地でのシンポジウムや学校への啓発ポスター掲示等に取り組むNPO「いじめから子供を守ろう！ネットワーク」を支援しています。

公式サイト **http://mamoro.org/**

ブログ **http://mamoro.blog86.fc2.com/**

相談窓口 **TEL.03-5719-2170**

政治

幸福実現党

内《ない》憂《ゆう》外《がい》患《かん》の国難に立ち向かうべく、二〇〇九年五月に幸福実現党を立党しました。創立者である大川隆法党名誉総裁の精神的指導のもと、宗教だけでは解決できない問題に取り組み、幸福を具体化するための力になっています。

党員の機関紙
「幸福実現News」

TEL 03-6441-0754
公式サイト
http://www.hr-party.jp/

出版
メディア
事業

幸福の科学出版

大川隆法総裁の仏法真理の書を中心に、ビジネス、自己啓発、小説など、さまざまなジャンルの書籍・雑誌を出版しています。他にも、映画事業、文学・学術発展のための振興事業、テレビ・ラジオ番組の提供など、幸福の科学文化を広げる事業を行っています。

TEL 03-5573-7700
公式サイト
http://www.irhpress.co.jp/

入会のご案内

あなたも、幸福の科学に集い、ほんとうの幸福を見つけてみませんか？

幸福の科学では、大川隆法総裁が説く仏法真理をもとに、
「どうすれば幸福になれるのか、また、
他の人を幸福にできるのか」を学び、実践しています。

入会

大川隆法総裁の教えを学ぼうとする方なら、どなたでも入会できます。入会された方には、『入会版「正心法語」』が授与されます。（入会の奉納は1,000円目安です）

ネットでも**入会**できます。詳しくは、下記URLへ。

三帰《さんき》誓願《せいがん》

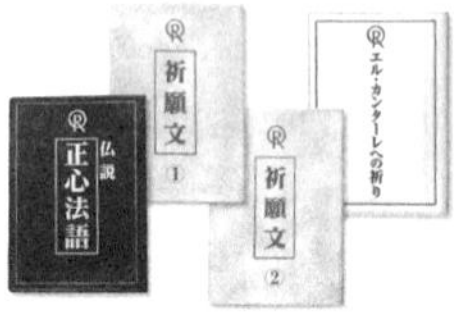

仏弟子としてさらに信仰を深めたい方は、仏・法・僧の三宝への帰依を誓う「三帰誓願式」を受けることができます。三帰誓願者には、『仏説・正心法語』『祈願文①』『祈願文②』『エル・カンターレへの祈り』が授与されます。

植福《しょくふく》の会

植福は、ユートピア建設のために、自分の富を差し出す尊い布施の行為です。布施の機会として、毎月1口1,000円からお申込みいただける、「植福の会」がございます。

「植福の会」に参加された方のうちご希望の方には、幸福の科学の小冊子（毎月1回）をお送りいたします。
詳しくは、下記の電話番号までお問い合わせください。

月刊「幸福の科学」

ザ・伝道

ヤング・ブッダ

ヘルメス・エンゼルズ

INFORMATION
幸福の科学サービスセンター
TEL. 03-5793-1727（受付時間 火～金：10～20時／土・日：10～18時）
宗教法人 幸福の科学 公式サイト **http://www.happy-science.jp/**